オオカミは大神（おおかみ） 弐

狼像をめぐる旅

青柳健二

Temjin

オオカミは大神 弐 狼像をめぐる旅——目次

Ⅲ 山の神と狼

カバー・本文写真　青柳健二

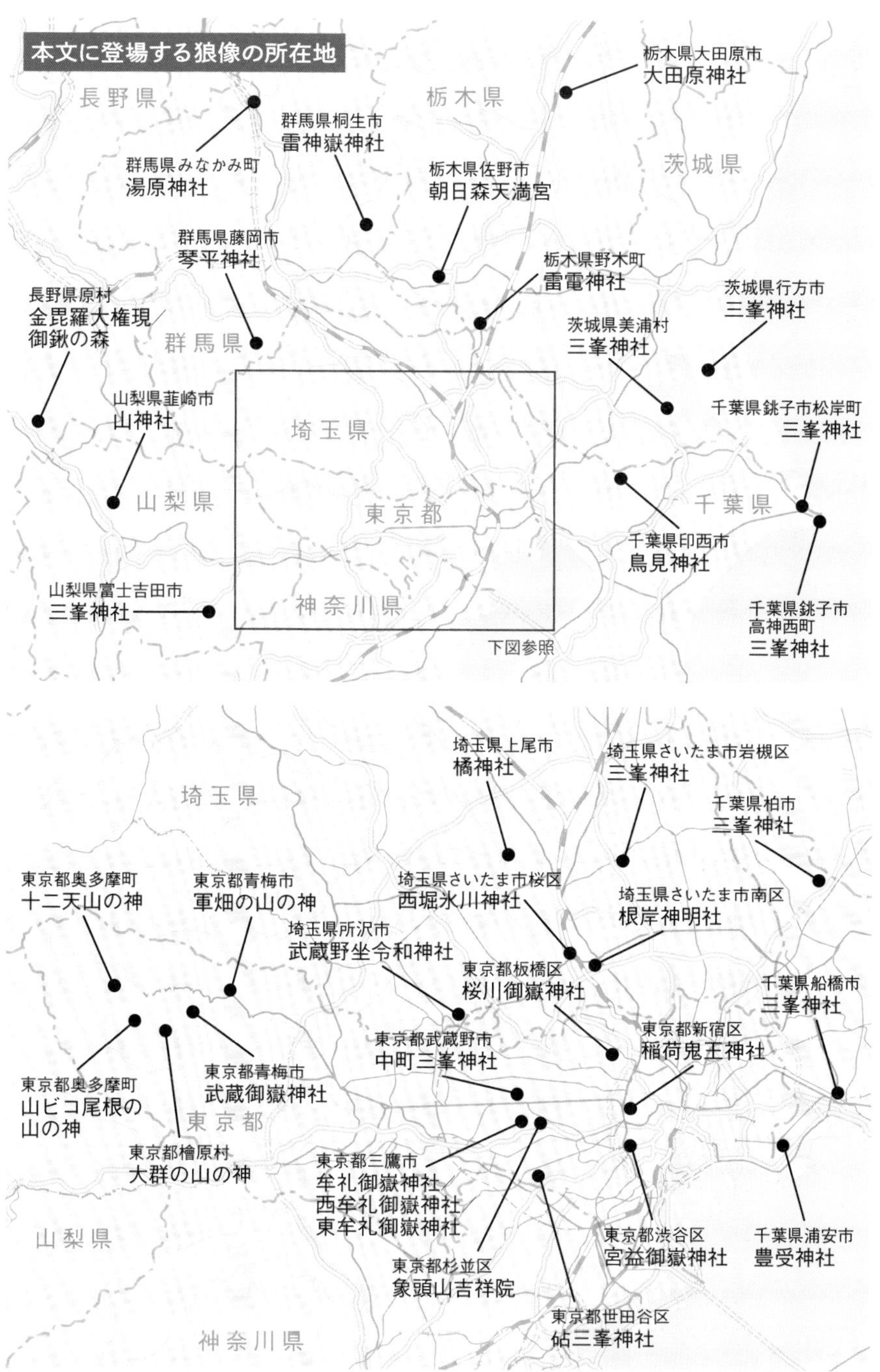

本文に登場する狼像の所在地
長野県
栃木県
茨城県
群馬県
埼玉県
山梨県
東京都
千葉県
神奈川県
栃木県大田原市
大田原神社
群馬県桐生市
雷神嶽神社
群馬県みなかみ町
湯原神社
栃木県佐野市
朝日森天満宮
群馬県藤岡市
琴平神社
栃木県野木町
雷電神社
茨城県行方市
三峯神社
長野県原村
金毘羅大権現
御鍬の森
茨城県美浦村
三峯神社
山梨県韮崎市
山神社
千葉県銚子市松岸町
三峯神社
千葉県印西市
鳥見神社
山梨県富士吉田市
三峯神社
下図参照
千葉県銚子市
高神西町
三峯神社
埼玉県
埼玉県上尾市
橘神社
埼玉県さいたま市岩槻区
三峯神社
千葉県柏市
三峯神社
東京都奥多摩町
十二天山の神
東京都青梅市
軍畑の山の神
埼玉県さいたま市桜区
西堀氷川神社
埼玉県さいたま市南区
根岸神明社
埼玉県所沢市
武蔵野坐令和神社
東京都板橋区
桜川御嶽神社
千葉県船橋市
三峯神社
東京都新宿区
稲荷鬼王神社
東京都武蔵野市
中町三峯神社
東京都青梅市
武蔵御嶽神社
東京都奥多摩町
山ビコ尾根の
山の神
東京都
東京都檜原村
大群の山の神
東京都三鷹市
牟礼御嶽神社
西牟礼御嶽神社
東牟礼御嶽神社
山梨県
東京都渋谷区
宮益御嶽神社
千葉県浦安市
豊受神社
東京都杉並区
象頭山吉祥院
東京都世田谷区
鮎三峯神社
神奈川県

はじめに

狼について、みなさんはどのようなイメージを持たれているでしょうか。

もし「あかずきんちゃん」のイメージしかなく、ずる賢くて怖い動物だと思っていたら、それは間違いです。いや、間違いというと言い過ぎかもしれませんが、「あかずきんちゃん」に代表される狼のイメージは、あくまでも西洋のものなのです。日本では違いました。昔から狼は神の使いとして、あるいは、大口真神（おおくちまがみ）という神そのものとして崇められてきました。

狼像の魅力に取り憑（つ）かれて前著『オオカミは大神』（天夢人　令和元年）を出版しましたが、それからも狼像・狼信仰をめぐる旅は続いています。

ここにもある、あそこにもあると情報が集まってきて、その数はいまだに増え続けるばかりです。最終的にどれくらいになるか見当もつきません。そこで今回は、関東甲信地方に絞って紹介します。

どうして狼像に魅かれるのかは、本文の中で詳しく述べることにしますが、いわゆる一般的な狛犬ではなくて、狼像なのかというと、日本人の魂に迫るもの、狼像の背後に広がる原日本人的な狼信仰という物語に魅かれるのです。そして狼そのものに対する強靭、神秘、孤高などのイメージですね。目に見えない世界、無意識へのいざないなども感じます。

猪や鹿から農作物を守る益獣としての信仰に始まり、火災除け、盗難除け、狐憑きを治す、疫病発生時には疫病除け、戦争中は武運長久を願う、さらにペット（犬）の健康祈願などに変化しながら、今でも続いているのが日本の狼信仰です。ニホンオオカミは絶滅しましたが、「大神」として生きています。ニホンオオカミとの関係によって育まれてきた日本人の自然観といったものは、狼信仰というものに受け継がれています。

私には狼像が都会の真ん中にいるというギャップが面白いし、その狼像はますます少なくなりつつある鎮守の杜を守っているようにも見えます。狼像の存在に気がつくと、風景が違って見えてくるような気がします。今の時代、狼信仰は、形を変えた自然崇拝ともいえるのではないでしょうか。

また、どうしてそこに狼像があるのか。そういった疑問を持ったとき、その土地の物語が少しだけ見えてきたなら、それは土地への愛おしさや先人へのリスペクトにもつながるのではないかと思っています。せっかく狼信仰・狼像という民俗的遺産を先人が残してくれているのだから、それを捨ててしまうのはもったいない。

この本は、狼信仰、狼像を切り口にした旅の本です。狼像をどう見るか・感じるか、何を求めるかも人それぞれ自由です。ぜひ、みなさんもこの本を持って狼像を探してみてください。

Ⅰ 疫病除けの狼信仰

コレラ除けの狼信仰

新型コロナウイルス（COVID−19）による肺炎が、中国の武漢で令和元年末に発生し、令和2年1月になると、日本でも感染者が出た。SARS（サーズ）のときも大変だったが、あのときよりももっと大変になっている状況は、世界的に人の行き来がさらに活発になっていることだ。

その後も感染拡大が止まらず、WHOは世界的大流行を表すパンデミック宣言をした。日本では、新型コロナウイルス対策の特別措置法が可決・成立し、緊急事態宣言が出され、東京オリンピックの開催も延期された。

令和3年4月には3度目の緊急事態宣言が出され、同年5月21日現在、日本での累計感染者数は70万4159人になっている（厚生労働省調べ）。世界でワクチン接種が始まっているので、これでコロナ禍が収まっていくことを願うばかりだ。

私は、2020年3月から半年間、SNSに全国のお犬さま（狼）像の写真を毎日アップし続けた。どうして？　撮影の仕事がキャンセルされて、やることがなくなったから？　たしかにそれもあるが、しかし一番の理由は、お犬さま（狼）が疫病除けとして活躍し

著者が半年間SNSにアップし続けた「痼魯難（コロナ）収束祈願」のお犬さま像

たことがあったからだ。それが一番盛んになったのは、安政5年（1858年）、コレラに襲われたときだ。

日本では何度かコレラが流行している。初めて発生したのは文政5年（1822年）だった。中国・朝鮮半島を経て、対馬（つしま）経由で下関に伝わったといわれる。このときは、箱根を越えず、江戸には到達しなかった。しかし第3回目のパンデミック時には江戸まで達し、安政5年から3年にわたって流行した。

安政の五カ国条約が調印された年でもあり、コレラは長崎に寄港した米艦ミシシッピの乗組員から流行（はや）り出したので、異国＝悪というイメージは増幅され、当時の攘夷（じょうい）思想（外国を撃退、鎖国するなどの排外思想）に拍車をかけたという。

そのとき、東海道筋の東駿から伊豆にかけて、コレラ除けにお犬さまが用いられた。コレラ除けとして、狼信仰が流行ったのだ。

秩父（ちちぶ）・三峯（みつみね）神社の公式記録「日鑑」によれば、安政5年8月になると御眷属（けんぞく）（お犬さま）拝借の登山者が急増し、8月15日には「日増ニ代参多、殊ニ東海道

東京都台東区の小野照崎神社の境内に三峯神社と御嶽神社が合祀されている

辺・江戸芝口・変病除心願ニ参詣御座候」とあり、東海道の宿々や江戸から、コレラ除けの心願のため殺到したことが記されている。8月24日、三峯の御眷属拝借は1万件を超え、11月10日に1万2000件、12月15日には1万3000件になった。

当時は、コレラ菌やその伝染の仕組みに関する知識はなく、人々は対処法がわからなかったので、神仏に祈るしかなかった。神社祈願、護摩加持祈禱、吉田神社の勧請、廻り念仏、正月・祭礼のやり直しなどが各地で行われた。それはしかたなかった面もあるだろう。コッホがコレラ菌を発見したのは明治16年（1883年）のことだったのだ。

あらゆる神仏に頼った中のひとつとして狼信仰があったわけだが、ではどうしてお犬さま（狼）に頼ることになったのだろうか。

コレラは、「コロリ」と呼ばれ、コレラの流行は、この世のものではない異界からの魔物の仕業だと思われた。「虎狼狸」「狐狼狸」などとも表記された。もともと、コロリとは、ころりと簡単に倒れる意味で使われていた言葉だったが、安政5年ころからコレラも意

各地の神社でいただいた
狼（お犬さま）のお札

味するようになった。

時代背景として、攘夷思想や安政2年の大地震、3年の風水害などの自然災害もあり、社会不安が広がっていた。日本を侵そうとする異国が、「千年モグラ」「アメリカ狐」「イギリス疫兎（えきと）」を使ってコロリを蔓延させているという妄想を生んだ。

高橋敏著『幕末狂乱（オルギー）　コレラがやって来た！』によれば、コレラで死んだ死体にはこぶ状のものができていたところから、

「人体に潜入する狐といえば、当然普通の狐では無理である。本来は人間の見ることの出来ないミクロの小動物、微細なくだ（管）をも通って体内に侵入、悪さをして遂には命を奪う「くだ狐」の伝承が妄想となって甦り、伝播したのである」

という。「くだ狐」は、中部地方を中心に伝わる憑き物の一種だが、「くだ狐」を「小動物」としてイメージしていたことは、コレラが目に見えない細菌であったことを考えれば、偶然にしろ人々のイメージの方向性が一致していたのは興味深い。

「即死病コレラの猛威に、狐憑きの迷信が息を吹き返して、種々の憑きものの仕業と考える、いわゆるコレラ変じて狐狼狸なり、の流言がまことしやかに広まっていった」

「これを除去するために根源にいるであろう悪狐、アメリカ狐を退治しなければならない。異獣に勝てるのは狐の天敵の狼、山犬しかいない。

佃島の波除・於咲稲荷大明神の社殿

於咲稲荷大明神には「疫病退散願」のお札が祀られている

そして狼を祭神ヤマトタケルの眷属（道案内）として祀る武州秩父の三峯神社に着目したのは、自然の成り行きであった」

とのこと。

狼で狐を封じようとしたのだ。このお犬さま（狼）は、つまりは日本古来から信仰されてきた守り神ということもあって、「日本」そのものであったのかもしれない。「狐」対「狼」というよりも、「異国」対「日本」という構図だ。悪い「異国」を「日本」がやっつけてくれる（排除してくれる）という、ある意味、これも攘夷思想といえるのだろう。

このコレラ除けの狼信仰は、東日本だけの話ではなかった。前著でも紹介したが、岡山県の木野山神社の狼さんがコレラ除けに頼られた。コレラを「虎列刺」と表記したことから「狼は虎よりも強い」という理由で、狼信仰（木野山信仰）が山陽山陰四国地方に拡大していった。

江戸のコレラ騒ぎは、どのような様子だったのだろうか。これを記録したものに江戸在住の文人、金屯道人（戯作者・仮名垣魯文）が書いた『安政箇労痢流行記』がある。

安政5年7月上旬にコレラは赤坂あたりから発生し始めた。ただちに霊岸島、築地、鉄砲洲、佃島の海岸に飛び火した。8月に入ると江戸市中一円を席巻した。江戸は人口100万を越える巨大都市で、過密な住環境の中にコレラが襲ってきた。

東京の下町に建つ狼像。
荒川区の三河島三峯神社

町ごとに50人から１００人あまりの死者が出て、火葬しきれないお棺が所狭しと積まれ山となり、焼き場はてんてこ舞いだった。人々の間にはコレラ変じて「狐狼狸」なりの流言が飛び交い、妖怪変化の仕業と信じてパニック状態になった。

8月中旬、佃島の漁師に野狐が取り憑いたので、神官や修験者を頼んで狐落としを行った。ついに狐が体から抜け出し、捕まえて打ち殺した。町の長が、狐の死骸を焼き捨て煙とし、その近くに3尺四方の祠を建てて霊を祀り、「尾崎大明神」と崇めたという。

この「尾崎」は、「オサキギツネ」のことらしい。関東地方の山村に伝わる狐の憑き物を「オサキ」「オサキギツネ」という。オサキ狐は、人体に侵入して悪さをする「くだ狐」と似たものと考えられるという。曲亭馬琴著『曲亭雑記』にはキツネより小さいイタチに似た獣だとある。

現在、佃島に波除稲荷大明神と於咲稲荷大明神が隣り合っているが、これが尾崎大明神のことではないだろうか。ただ今は、「オサキ」が狐ではなく、退治した人の名前「オサキさん」として伝わっているそうだ。

目に見えないもの、知らないものに対する恐怖から、デマや迷信が出たという事実は、東日本大震災による福島第一原発事故のときもあった。感染症の専門家は「伝染病は恐怖心もいっしょに広がる」といっている。

しかしそれと反対のことも起こっている。というのは、江戸のコレラ禍でも未曾有の大惨事を笑いやしゃれにしているのだ。困難を笑いで乗り切ろうとする庶民の知恵だったのだろう。

鋭い目つきをした千葉市
小山町の三峯神社の狼像

『幕末狂乱　コレラがやって来た！』にはたくさんの例があげられているが、「厄除狂歌集」にあるのを一首。

たのまれてなんと千里の藪医者や
とらよりはやくにげるさんだん

秩父の三峯信仰が全国に及んでいることは前著でも触れた。三峯神社を総本山とする三峯信仰は、北は東北地方や北海道、南は四国地方にまで広まった。

栃木県にもコレラ流行時に三峯山からお犬さまを迎えた神社があった。それが鹿沼市の安房三峯神社だ。『鹿沼市史』の内容を要約する。

安政6年、全国に狐狼狸（コレラ）が流行したとき、妖病に罹る者が多く出たので、秩父の三峯神社に代参して眷属のお犬さまを迎えた。その日、怪しい一小獣が死んでいるのが見つかった。形は猫の子のようで、毛は剛く、爪堅い珍獣だった（世にこれをオキ狐という）。みんなが見に集まったが、これはお犬さまを迎えた霊験のあらたかさと、人々は恐れ驚いた。明治12年や15年にもコレラが流行し、死者が少なくなかった。それで三峯神社の信者は増加していった。

「オキ狐」とあるが、原典の麻苧町自治会文書「宿内録事」には「オサキ狐」とある。やはり、お犬さまが悪狐を退治するという考えは、ここ鹿沼にも伝わっていたということだ。

お犬さまを求めて人々が三峯山に殺到したという話を聞いて、一時期三峯神社の「白い氣守」を求めて、人が押し寄せたことを思い出した。いったん火がつくと、留まるところ

歯と牙で強さを強調した東京都多摩市の瓜生御嶽神社の狼像

をしらないのは昔も現代も同じようだ。

新型コロナウイルスのパンデミックにおいても、SNSでは、半人半魚の「アマビエ」なる妖怪（預言獣）が話題になった。

疫病の流行時には、昔も今も、このように疫病除けもいっしょに流行るようで、狼信仰もその中のひとつだった。ただし、昔は本気で狼の効力を信じていただろうから、今のアマビエ流行と、深刻さの点では違うかもしれないが。

アマビエが新形コロナウイルスを防いでくれるとはだれも思ってない（と思う）が、災害のときだからこそ面白がれる余裕を持つことは悪いことではないと思う。かわいいし、少しユーモラスだ。流行り物は、この難局を乗り切ろうとする庶民の連帯感の表明でもあるだろう。私がSNSに狼像の写真をアップし続けたのも、強い狼のイメージを借りて、コロナ禍に負けないぞという決意表明でもあったのだ。

狼の強いイメージは、なにも日本の話だけではなかった。北欧神話では、戦士たちが、戦場におもむく前、狼の血を飲み、肉を食べ、皮をかぶって狼そのものになった。中世ヨーロッパでは、狼の爪・歯・毛皮を護符として用いたり、肝臓の粉末を病気や怪我の薬、あるいは精力剤としていたという。

形は違っても狼信仰は西洋にもあった。地域に関係なく、狼に対して人間が持つ普遍的なイメージなのかもしれない。

武蔵御嶽神社のご利益

武蔵御嶽神社を参拝するのは何度目だろう。いつ行っても新しい発見がある。関東の狼像を探し歩いているとき耳にした講中の名前などを、参道の両脇に奉納されているおびただしい数の参拝記念碑の中に見つけたときは、里と山とのつながりを感じるものだ。

複数のお狗様（武蔵御嶽神社では、お犬さまを「お狗様」と表記）が守っているが、本殿の左後ろの築山の上にもいる。古そうなお狗様だ。しかし、もともとどこにいたのかはわからない。一対のうち一体の頭が失われているが、健在なほうのお狗様は、口を空いて（おそらく「あ」形）、まるで疫病を跳ねのけてくれそうな強いイメージだ。

武蔵御嶽神社禰宜の天野宣子さんから、疫病とお狗様信仰のお話を伺った。

昔コレラが流行ったときは、武蔵御嶽神社に講中の人たちが参拝するよりも、神社の御師たちが関東の講中をめぐり、疫病退散などのお札を配っていたようだ。

御師は、「御祈禱師」の略ともいわれ、参拝者の祈禱を行ったり、地域の案内や宿泊の世話をしたり、各地の講を周ってお札を配布したり、信仰を広める活動を行っている。コレラ流行時も御師が活躍したのだ。現在でも数社の神社に御師はいるが、昔ながらの活動

〈左ページ〉
築山にいるお狗様は、疫病退散にご利益がありそうな姿

武蔵御嶽神社には多数の狼像が建っている。これは大口真神社の社殿

昭和60年に奉納された拝殿前の狼ふう狛犬

大口真神社のお狗様は鬣がダンディー

曲線美の本殿脇のお狗様

関東各地の講中が奉納した
多くの参拝記念碑

を活発に続けているのは武蔵御嶽神社の御師だけだという。関東各地でお狗様を探しているとき、御嶽神社の場合は、やはり、毎年御師が来ているという話をよく聞いたものだ。

疫病退散のお札は、今、社務所でも授与している。本来は、疫病の流行りやすい6月の夏越大祓（なごしのおおはらえ）のときに出していたお札だが、コロナ禍になり、令和2年夏からも出すようになった。このお札自体は江戸後期から明治ころにできたのではないかという。

お札の「御嶽神社厄神祭」の下に2行にわたって小さな文字が書かれているが、意味は「御神威によって、異国から入って来る病気を封じ人々をお護りします」と解釈できそうだという。（片柳茂生「あら！こんな御札ありました？」）

また、靭矢嘉史（うつぼやよしふみ）「幕末のコレラ流行と御嶽山御師」には、このようにある。

> 二名の若い御師が、安政五年九月、川越町（現・埼玉県川越市）で、神輿（みこし）に幣串・鏡などを立て、神輿を守護する像（「前立」）として、所持する「木像・黒白之神狛等」を置いて幕を張り、高張提灯・旗などを立てて「開帳同様」の形とし、神札を配札しました。結果「数多参詣相招、札料・賽銭等」が奉納されました。二名の御師は、川越町にとどまらず、「在々村々」、さらに中山道の桶川宿

参道の店舗に貼られたお札。
右側が疫病退散のお札

> （現・埼玉県桶川市）から新町宿（現・群馬県高崎市）まで巡行しました。御嶽山のおいぬ様（「黒白之神狛」）もコレラ流行に際して信仰を集めたことが窺われます。（略）コレラが大流行した安政五年にも、御師たちが例年通り講中を廻り、おいぬ様などの神札を配っていた記録が相当数残されています。コレラ流行のなかでも、御嶽山御師の多くは、着実に村々・町々を歩いて配札し、講中に対して家内安全などの祈禱を執行したと思われます。江戸時代を通して講中と御師との間で培われた日常的な堅い紐帯によって、御嶽山はコレラ流行に対峙したのではないでしょうか。

このときの神輿を守っていたお狗様（黒白之神狛）は黒と白だったようだ。現在のお札は、黒いお狗様の姿だが、昔は、黒、白、黒白、というお札も授与していた。

疫病のほか、クダ狐、オサキ狐などの狐憑きを治すということも狼信仰にはあった。そのため昔は狼の骨を使って神事をしたという。骨が残っているが、削られている骨が多いので、煎じて飲んでいたようだ。とくに狼の遺骸（頭骨）が残っている丹沢は、御嶽講が盛んな土地だった。「蟇目（ひきめ）」という神事を行った。祝詞（のりと）をあげて、弓をつがえて魔を刺すような所作をしたらしい。しかし、今、だれもやっていないので、正確に

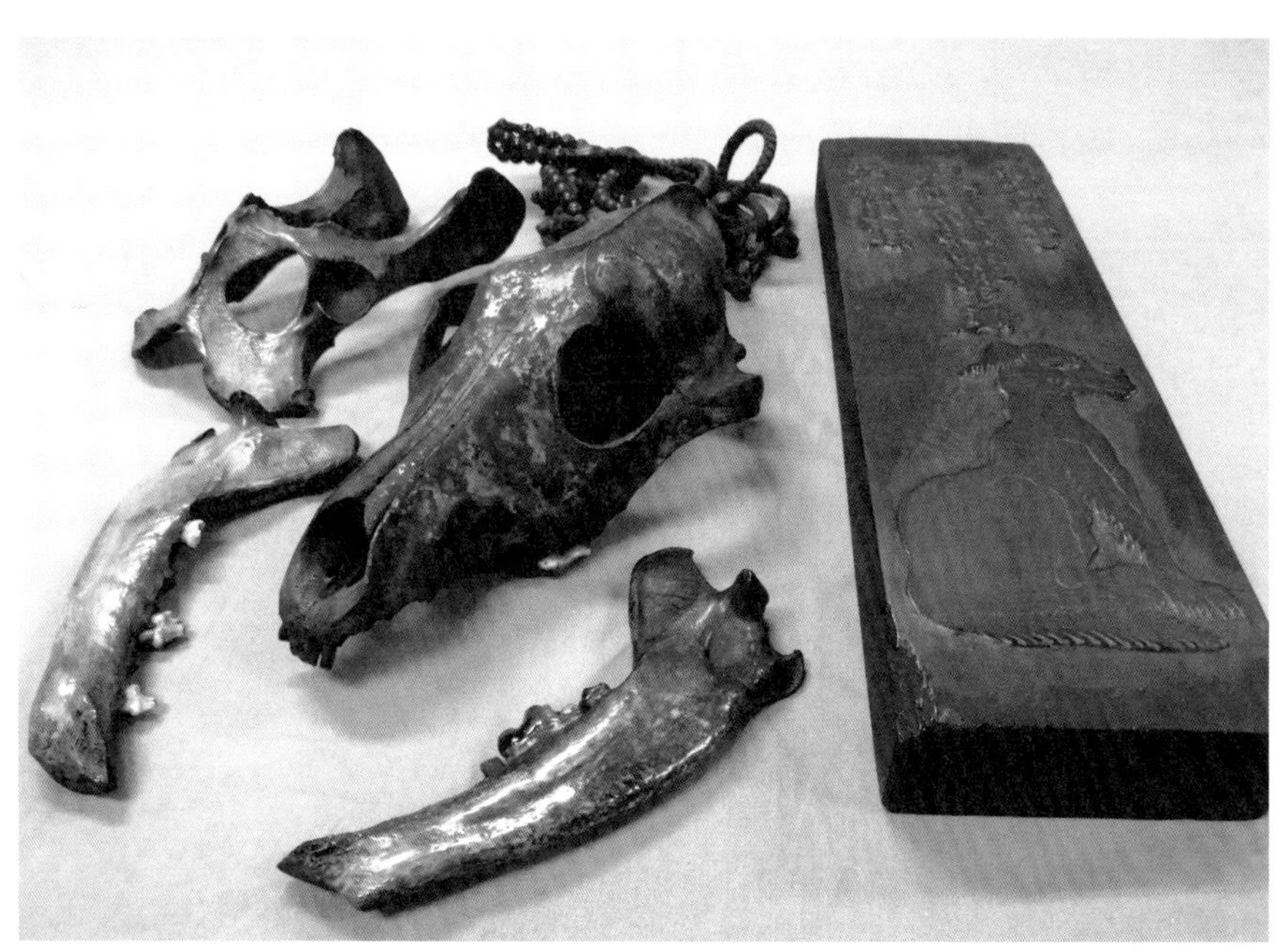

神事で使われたニホンオオカミの頭骨とお札の版木（青梅市郷土博物館提供）

はわからない。蟇目をやったとき、狼の骨を削って飲ませたのかもしれない。蟇目の神事は、狼がいなくなってもしばらくやっていたようだ。

この狐憑きを治すという狼信仰が、いかんなく発揮されたのが安政5年のコレラの流行だったといえるだろう。すでに紹介したように、コレラは外国から持ち込まれた「アメリカ狐」や「千年モグラ」が取り憑いて引き起こされると信じられた。その悪狐に勝てるのは狼しかいないという理屈だ。

東京都大田区の山王熊野神社境内（けいだい）に「狐碑」が残っている。JR大森駅から徒歩10分。小高い丘に鎮座し、鳥居からは周辺の住宅街を見渡すことができた。

拝殿脇の狐碑横にあった立て札にはこのようにある。

この狐人に害をなすこと久し
民みなこれをにくむ
今ここに文久元歳辛酉
御嶽靭矢市正埋めふせぐ
萬世掘ることなかれ

山王熊野神社に残る狐碑

御嶽の靭矢市正（いちまさ）という人物が、文久元年（1861年）、この化け狐を退治して、ここに埋めた。掘ってはダメだよ、という意味だ。

靭矢市正は、天保5年（1834年）に『御嶽山道中記　御嶽菅笠』（齋藤義彦作）を刊行した御嶽山の神官だった。

人々を襲うコレラの正体を、当時の人々は化け狐とイメージした。コレラと関係なくても、少なくとも狐碑に埋められたものは、狐憑きの化け狐だったのだろう。どちらにしろ、御嶽神社の神官が狐を退治したという話だ。

天野さんより上の世代は、狼の姿を見たものはいないが、遠吠えのような声を聞いたことがあったという。絶滅したとはいっても、奥多摩の山深さを見れば、まだ生きているのではないか、いや生きていてほしいと思うのも当然かもしれない。

昔は、農民や山仕事をしている人たちは自然と狼に感謝していただろう。直接的には害獣除けとして狼はありがたい存在だった。そして狼は人を襲うことはなく、逆に自分たちを守ってくれているという感覚があって、それが「送り狼」などの伝承にも反映されているだろう。

狼が狂犬病に罹り、里に降りてきた。危険だと思われるようになった。不幸なことに神から害獣に引きずり下ろされた。しかし動物としての狼はいなくなったとしても、イメージとして神格化されたお狗様は健在だ。

明治になってから、神社としても観光誘致をするようになった。たくさんの人に山へ来てもらおうと、綾広の滝までの道を整備して一般の人も行けるようにした。綾広の滝は落

武蔵御嶽神社から
見た山々の紅葉

差10メートル、古くから御嶽神社の禊(みそぎ)の神事が行われる、修験者の修行の場でしかなかった。「御嶽八景」の和歌を詠んで山の良さを伝えたり、大正末~昭和になると、観光パンフを作ったりした。

近年では愛犬の健康祈願でも有名になった。この話は前著でも触れた。愛犬祈願は十数年前に参拝者からの依頼があって始めた。恐る恐る始めてみると、予想外に祈願者が多かった。「お狗様」というと、「犬」だと思って参拝する人たちも多い。「狼だったんですね?」と驚かれることもあるそうだ。しかし「犬」がきっかけで参拝する人を拒まない。神社の由来や、狼のイメージは西洋と違うことなどを話して「お狗様」を理解してもらう。

江戸時代のコレラ退散、明治時代の観光客誘致、平成時代の愛犬祈願、令和時代のコロナ退散。このように、お狗様信仰の武蔵御嶽神社は世間の要望の受け皿になってきた。天野さんと話をしていたら、柔軟な変化こそ、生き残りの作戦でもあると感じる。

「神社の役目は、人と神様の仲を取り持ち、どうぞご自由にお祈りくださいという機会を与えることです。神社に来て、日本文化・伝統の良さと、日本人としての心のありようを再認識するきっかけになればうれしいです」

と天野さんはいう。

山梨県のコレラ騒動

金櫻神社は、甲府の市街地から昇仙峡を目指して県道を北上すること約30分。昇仙峡ロープウェイを越してさらに3キロほど、昇仙峡を登りつめたところに鎮座する。武田家代々の祈願所でもあったが、本殿など昭和30年の大火により焼失し、現在の社殿は昭和34年に再建されたものだ。

金櫻神社ホームページには、

「第十代崇神天皇の御代（約2000年前）、各地に疫病が蔓延した折、諸国に神を祀って悪疫退散と万民息災の祈願をし、甲斐の国においては金峰山山頂に御祭神である少彦名命を祀ったのが当社の起源となります」

とある。

安政5年のコレラ流行時に、伊豆の村々では三峯山とともに甲州三嶽山（金峰山）からもお犬さまを借りたとの記録がある。

この金峰山をご神体とする金櫻神社もまた、秩父の三峯神社や武蔵御嶽神社と同じように日本武尊の眷属・狼信仰の神社であり、狼像はないが、現在もお犬さまのお札を授与

新たに授与されるようになった悪疫退散のお札

朱色が鮮やかな金櫻神社の拝殿

甲府盆地から見た南アルプスと月の入り

している。金櫻神社のお犬さまのお札がいつから配られるようになったかはわからないが、遅くとも、安政5年には行っていたようだ。

もともとの創建が悪疫退散のためでもあったわけで、江戸時代、コレラが流行ったときに金櫻神社のお犬さまに頼ることになったとしても不思議ではないだろう。

金櫻神社では令和2年、新型コロナ禍により「悪疫退散」のお札を出すようになった。もともとあったお犬さまの姿と「悪疫退散」「萬民息災」の文字が入ったお札だ。

ちなみに、金櫻神社から山を下った甲府市元紺屋町に八雲神社が鎮座する。

「八雲神社の境内に、コレラ流行の翌安政6年に奉納した石灯籠がある。そこは江戸時代、祇園寺だった。疫病除けの神、牛頭天王を祀っていた。人々は何とかしてもらおうと牛頭天王にすがる。甲府代官所も、「遠くへ去らないと、牛頭天王が征伐に来るぞ」、と「疫神」に対してお触れを出した。その他、住吉大明神・浅間大明神の神輿も町々を練り歩いた」（甲府市ホームページ「甲府歴史ものがたり外伝」より）

安政6年に奉納された
八雲神社の石灯籠

この石灯籠も、当時コレラ除けのためにありとあらゆるものに頼っていた名残（なご）りといえるだろう。

コレラなど悪疫蔓延をきっかけに悪疫除けとして三峯神社が各地に勧請され、今でもその三峯神社が点在する。

その中の一社、富士吉田市小明見（こあすみ）に鎮座する三峯神社に関するこのような新聞記事が出た（令和2年3月30日付けの山梨日日新聞）。

ウイルス撃退を祈願　富士吉田・三峯神社で住民ら

新型コロナウイルスの感染拡大を受け、富士吉田市小明見の三峯神社は29日、同神社で新型コロナウイルスの撃退祈願祭を行い、地域住民らが感染予防を願った。

約30人が参加。神職がおはらいをした後、祝詞を奏上。参加者は玉串を奉納し、新型コロナウイルスの感染予防を祈願した。

三峯神社は約200年前、この地ではやり病が広がった際、埼玉県秩父市の三峯神社から分霊する形で建立されたという。氏子から「建立の由来にならって、新型コロナウイルスの撃退祈願祭を行ってほしい」との要望が寄せられたことから実施した。

氏子総代を務める勝俣明人さん（62）は「祈願によって少しでも新型コロナウイルスが終息してほしい」と話していた。

富士吉田市小明見の
三峯神社社殿の扁額

鐘山通りに面して真っ赤な一の鳥居が立っていた。約束していた時間になると、集落のほうから人が歩いてきた。新聞記事にも登場した氏子代表の勝俣さんなど3人の役員たちだ。現在神社は、丸組祭司が管理し、祭りを取り仕切っている。どうしても聞きたいことがあったので、取材を申し込んだのだった。

二の鳥居をくぐり、坂を曲がりながら上っていくと、三の鳥居、両側には狛犬、正面には社殿があった。集落を見下ろす高台に神社は位置している。

社殿に近づくと、なんと破風（はふ）のところには、狼らしき彫り物が設置されているではないか。浮き彫りに白い色を塗ったものだ。今まで全国各地の三峯神社を参拝したが、このような狼像を見たことがない。じっと見入ってしまうほど、艶（なま）めかしく、優雅でさえある。

しかし、勝俣さんたちは、これは旧社殿が建てられた昭和初期のものではないかと推測しているが、「狼」とは伝わっていないので「狼」と強く意識したこともなかったという。現在の新社殿ができたのは平成9年で、旧社殿のものは残そうということで、新社殿にこの像を設置したようだ。長い尻尾や、鬣（たてがみ）の表現もあるし、何しろここは狼が眷属の三峯神社で、おそらく旧社殿から引き継いだものらしいので、狼像で間違いないのだろう。

私の友人でもある彫刻家の松田重仁氏に写真を見せたところ、神輿や神社の彫り物を作る技術を持った職人工房の作品だろうという。

この神社は地元では「おいのさま」の名で通っていて、文化3年（1806年）小明見一円に悪病が流行したとき、行者が悪病退散の祈禱をして村人の病を治した。それを機会に秩父の三峯神社が勧請されたという伝承がある。このときの行者は三峯神社の関係者だ

〈右ページ〉
破風に浮き彫りされた狼像。２頭は見つめ合っているように見える。夫婦あるいは親子の狼だろうか

神社の拝殿内には掛軸や旗が置かれている

ったのではないかといわれる。

現在は10月の第2日曜の例大祭前に、「おいのさま」を取り替えに役員が三峯山へ登拝する。5年くらい前までは、祭りのときに子供たちが相撲を奉納していた（社殿前に土俵が残っている）が、そのうちカラオケ大会に変わった。

新型コロナウイルスのパンデミックという異常事態ではあるが、どうしてこの令和の時代に、新型コロナウイルスの撃退祈願の祭りごとをやろうとしたのか。そこが一番知りたいことだったので、尋ねてみた。

「神社の由来（悪病退散のため）は氏子みんな知っていることで、こんなときだからやったらどうだと話が出たんです。そして、やってみて良かったです。氏子の一体感が強くなった気がします」

やはり、「一体感」というのがキーワードなのだ。とくに新型コロナウイルスはその特徴から、人と人のつながりを絶ってしまうようなところがあるので、こういった祭りごとは、それこそ、新型コロナウイルスに対峙する村人の強い覚悟の表明なのだろう。

病人の「見舞い」「付き添い」といったように「病気は分け持つ」という特有の感覚が日本人にはあるという。個人の病気ではあっても、家族や社会から病人を切り離さないメンタリティーだ。（立川昭二「病気・治療・健康」）

「病気は分け持つ」は、逆にいえば「病気は人にうつさない」にもつな

昭和31年、三峯神社の境内に
狛犬が作られたときの記念写真

小正月に供えられる這子（ほうこ）さん人
形（乳幼児の魔除け）と梵天

がるだろう。個人がばらばらで行動している限りは、決して収束しないウイルスであることをこの1年で学んできた。

しかし、この祈願は特別なことだとは思っていなかった。村ではごく自然で当たり前のことに感じていたからだ。氏子は420戸で、みんな協力してくれるので、祭りはきちんとやろうと普段から心がけているという。新型コロナウイルスの撃退祈願もその一環でしかない。このくらいの小規模の祭りだからできたということもあるかもしれない。令和2年は全国で大規模の祭りがのきなみ中止されていたからだ。

取材させてほしいと頼んだとき、「神社には何もないですよ」と謙遜していたが、そんなことはなく、狼像もあったし、なにかあったらみんなで協力しあう、その自然な生活のありようそのものが、少なくとも村人の精神的な集団免疫を高めているのではないだろうか。

王勢籠（おせろう）神社は、山梨県上野原市和見集落に鎮座する。

国道20号線から8キロほど山へ入ってゆく。つづら折りの坂道を上っていくと、開けた斜面に畑があった。民家に寄り添うように、長細い境内に王勢籠神社の社殿が静かなたたずまいを見せている。

別称は王勢籠権現で祭神は日本武尊だ。ここは地理的に武蔵御嶽神社に近く、影響があったのではといわれる。神犬が75匹というのが特徴で、祭礼のときには75個の供物を供えていたという。

山の際に建てられた王勢龍神社の社殿

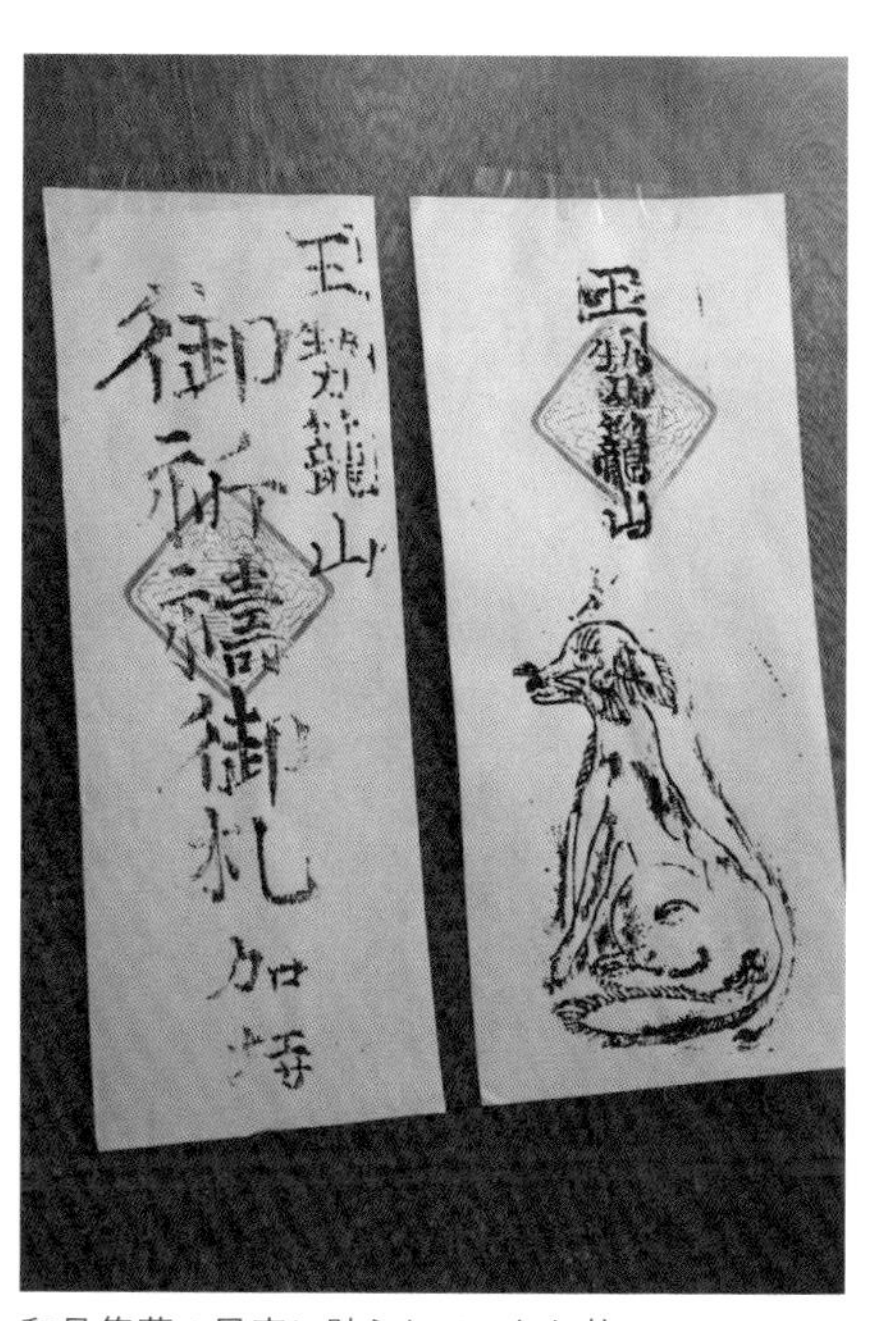

和見集落の民家に貼られていたお札

お札は毎年5月3日の例大祭のときだけ授与されるが、令和2年はコロナ禍で祭りは中止になり、令和3年もやるかどうかわからないという。それで、ある民家の入口に貼ってあるお札を写真に撮らせてもらった。

植月学「王勢籠権現の狼信仰」からコレラ禍と関係する部分を要約すると、次のようになる。

この神社に関する資料が大月市の個人宅に伝わっていた。その中に、大きさが153×300×8ミリの棟札がある。

「天下泰平　奉建立王勢籠大権現　安政五年　午九月吉日（略）」

社殿の再建に際して奉納されたもののようだ。注目されるのは、「安政五年」という年号だ。この年はコレラのパンデミックに見舞われた年で、コレラを引き起こす悪狐を、お犬さま（狼）がやっつけてくれるという三峯信仰や武蔵御嶽信仰が流行った年でもある。

市川村（山梨市）の名主が状況を記した『暴瀉病流行日記』によれば、甲斐国での流行は8～9月がピークで、甲府や近在の村々で多数の死者を出した。9月24日には江戸から甲府へ帰る途中の代官が、大月宿で

朝の富士山と水田。山麓にも昔は狼が棲んでいたという

富士吉田市新屋山神社
の大山祇大神のお札

コレラに罹って、花咲宿に逗留したと記録されている。

「王勢籠権現周辺の村々にどの程度のコレラ被害があったのか史料を持ち合わせてないが、上記のいくつかの史料から近隣までコレラの猛威が迫っていたことは確かであり、少なくとも村人の耳には入っていたであろう。まさにその時期に棟札が納められたのは偶然とは考えにくい。やはりコレラに対する対応のひとつであり、神犬がその撃退にご利益ありと考えられていた可能性が高い」と植月氏は書いている。

和見集落で、疫病で亡くなった人の記念碑があると聞いて、数キロ離れた桑久保の東光寺を訪ねたが、記念碑はコレラではなく、明治30年に発生した赤痢の発病者164名、死者24名を悼むものだった。

ちなみに、これは山梨県の隣、静岡県になってしまうが、富士山東麓の御宿村（現裾野市）にも、コレラを恐れて三峯山へ登拝したという記録が残っている。これも『幕末狂乱　コレラがやって来た！』から、概要を抜き書きしてみる。「三峯山行諸入用帳」という代参の2人が諸出費をメモした記録からわかるそうだ。

新たに整備された静岡県
裾野市深良の三峯神社

御宿村の豪農湯山三家が中心となってコレラ除けのためにお犬さまを借りに行った。実際に代参を引き受けたのは2人の男で、三峯山行きは、強行軍だったようだ。それだけ切羽詰まっていたということでもあるだろう。

8月16日に出発して、駿河国から籠坂峠を越えて甲斐国に入り、8月19日には雁坂峠を越えて武蔵国に入った。8月19日には三峯神社に到着した。

2人は神社に申し出て、湯山三家と村用の御眷属5疋、大小のお札を、総額2両1朱と800文支払って受領した（ちなみに御眷属1疋は、50戸を守護するといわれる）。宿坊に1泊しただけで、2人は帰路についた。秩父の大宮、八王子を経由して相模国に入り、8月23日には足柄峠を越えて、御殿場に1泊し、翌24日に帰村。8泊9日の三峯行きだった。

すべて歩きだったわけだから、9日間でこの距離、しかも山道を周るのは尋常ではない。おおよその距離を測ると、御宿から御宿まで約350キロ。9日間で周ったということだから、1日平均39キロを歩いたということになる。なお、このルートは狼の遺骸（頭骨）が狐憑きなどの病に効くという民間信仰が色濃く残っているルートでもある。なぜ少し遠回りして帰ってきたのかは、このことと関係するらしい。

また、裾野市深良には三峯神社の祠が残っている。数年前まで祠がごろっと転がしてあったような荒れた場所だったが、境内は地区の土地なので、きれいにしようと祀り直したとのこと。残念ながらこの祠とコレラとの関連を示す史料は今のところ見つかっていない。

もう一カ所、安政5年のコレラ禍を記録した富士宮市の酒店、桝弥の9代目弥兵衛が書き残した「袖日記」があり、コレラ禍の中での人々の様子がわかる資料になっている。やはりここからも三峯山へと登拝して、お犬さまを拝借してきたということだ。

II 東京狼

御輿

ビルの谷間のお犬さま

「東京狼」については少し説明が必要かもしれない。都会の真ん中に存在する「狼（お犬さま）像」のことを、私はこう呼んでいる。都会に狼像や狼信仰というギャップが面白いと思っているのだ。とくに渋谷の駅に近い宮益御嶽(みやますみたけ)神社や新宿歌舞伎町の稲荷鬼王(きおう)神社にいる狼像は、その中でも筆頭だろう。ビルが林立する中に狼がいるという図はとてもシュールに見える。

そして渋谷はある意味、「お犬さまの聖地」だ。というのも、この宮益御嶽神社のお犬さま。そしてもう一体、渋谷駅前には「忠犬ハチ公」がいる。もちろん偶然でしかないのだが、お犬さまに関わっている身としては、これを単なる偶然とは考えたくない。

日本で一番有名な「犬」と、日本古来から信仰の対象になってきた「お犬さま」が隣り合わせ（しかも、ハチ公とお犬さまの「あ」像は、直線距離300メートル隔てて見つめあっている？）であることは、私の中では偶然として片づけてしまうのは惜しすぎる。

「お犬さま」といったら、「生類憐みの令」で有名な5代将軍綱吉の時代に犬を「お犬さま」と呼んだことが影響してなのか、今も、狼信仰を知らない人にとっては、「犬」を意

渋谷駅を向いている宮益御嶽神社の「あ」形の狼像

世界的に知られている犬像、渋谷駅前の忠犬ハチ公

ビルの谷間に鎮座する宮益御嶽神社

味するだろう。実際、「お犬さま」を「犬」と誤解して参拝に来るという話は、第1章の「武蔵御嶽神社のご利益」でも書いたとおりだ。

しかも日本では、ニホンオオカミが大陸のオオカミと比べると体が小さく、また実際犬との交雑もあったという。「犬」と「狼」の境界にあいまいな部分があるという話は前著で何度も触れてきた。

だから私の勝手な解釈だが、「犬」と「狼」、両方とも「お犬さま」で、ふたつがそろっている渋谷が「お犬さま」の聖地というわけだ。

宮益御嶽神社の例大祭は、狼信仰の神社（お犬さま像・狼像が置いてある神社）の中で、最も都会で行われるし、なんといっても「お犬さまの聖地」での祭りなので、個人的には思い入れがあり、どうしても見てみたかった。

令和元年の例大祭は、9月17日、18日の2日間にわたって斎行された。17日には、コーラスグループの例大祭宵宮ライブがあった。18日午後には神社で神事が執り行われ、そのあと神輿渡御（とぎょ）が行われた。

例大祭での神輿渡御の宮出し

神輿が担ぎ手によって持ち上げられ、境内を出てゆく。宮出しはあいにくの雨になったが、大雨ではなかったのは幸いだ。雨でまだら模様になったお犬さまが、古式の鳳凰と青銅葺き八棟屋根の神輿を見送った。

神輿とお囃子の太鼓は神社の階段を下りて、宮益坂に出て、いくつかの通りを周りながら、駅前の明治通りへと移動してゆく。さすがに渋谷駅前の風景は大都会そのものだ。にもかかわらず、雰囲気が村祭りのようなのも面白い。多くの車をストップさせて、その中を悠々と進む神輿集団は、現代の「時代絵巻」を見るようだった。

渋谷ヒカリエの1階入口のところが御休所になっていて、いったん休憩に入った。

街ゆく人たちは、神輿をスマホで写真に撮っていく。しかし、だれもこれが狼信仰の神社の祭りであることを知らないだろう。

「こんな都会に狼だぞ！　すごいと思わない？」

と心で叫ぶ。いや、そこにこだわっている私が特別であることは自覚している。

新宿の稲荷鬼王神社

新宿の区役所通りに面して稲荷鬼王神社が鎮座する。ここは古来、大久保村の聖地だったところで、天保2年（1831年）、稲荷神社と鬼王神社が合祀されて、稲荷鬼王神社になった。病気になったときは豆腐を断って「撫で守り」で患部を祈りつつ撫でれば治るという信仰が江戸時代から有名だった。

鳥居を入ってすぐ、左右に高さ3メートルほどの凛々(りり)しい狛犬が建っている。まるで新宿のビル群の中で、周囲に睨みをきかせている格好だ。

鬼王と名前が付いた神社は全国でもここだけだ。大都会の真ん中だが、この境内だけはただならない雰囲気を漂わせている。

そしてよくこの狛犬を見ると、独特な姿をしていることに気がつく。稲荷神社なので、お稲荷さん（狐）像かと思えば、そうではなさそうだし、いわゆる一般的な中国由来の狛犬とも違っているようだ。胸から腹にかけては波状にアバラの表現が見て取れるし、顔の左右には鬣(たてがみ)のような渦巻き模様もある。ネット上でも、これが狼像ではないかという情報があった。本当にこれは狼像なのだろうか。

〈左ページ〉
夕方のネオンや街頭で
照らされた狼像

新宿大ガードと歌舞伎町の街並み

ビルに囲まれた稲荷鬼王神社

そう疑問に思って後日、宮司の大久保直倫さんに尋ねると、やはり、この像は山犬（＝狼）像ではないかと推測しているとのこと。像が奉納されたのは昭和17年4月18日だ。

稲荷鬼王神社は、代々大久保家が世襲で宮司を務めてきたが、現在の宮司、直倫さんは第16代目になる。この像を奉納したのは、第14代目の宮司、大久保義道さんだ。その理由は、身内に山で亡くなった人がいて、その鎮魂の意味で、あるいは遺体が見つかったお礼に奉納したようなのだ。

直倫さんは子供のころ、この像についてお父さんである15代目の直道さんに尋ねたところ、「これは山犬でもあるしオオカミでもある」と聞いたそうだ。しかし子供だったので、それ以上のことを聞くこともなく、詳しい話はわからずじまいになってしまった。

しかし今になってみると、もしかしたら「これは山犬でもあるし大神でもある」という意味だったのではないかという。とにかく山犬をモチーフにした像であることは間違いないようだ。

菱川晶子著『狼の民俗学』には、「狼（オホカミ）」

夕方に灯る神社の提灯

頭に水鉢を乗せて四股を踏み、
邪気を払うという鬼の石像

は、「大神」が語源だという説もあるし、「大神」はまた「山神」と呼ばれていたという。

狼は山の神の眷属でもあるが、狼自身が大口真神という神そのものの場合もある。この像は、山の神への感謝の意味で奉納されたのではないかと直倫さんは考えているという。

「少なくとも、この像は狐では絶対ないですね」と直倫さんは強調する。拝殿の前に一対のいわゆる狛犬が守っているが、これも狐ではない。というのも、ここは稲荷神社であるにもかかわらず、いっさい、狐(お稲荷さん)がいないのだ。これは平将門公の伝説と関係あるとの話もあるが、はっきりしたことは伝わっていないようだ。

ところでこの神社では、4月18日に鎮花祭が行われている。これは悪病を防ぐための祭りで、神事は非公開だが、月末まで多数のサクラソウが展示される。

この鎮花祭のときに行われていたのが、九字切りによる病魔退散祈禱だ。このコロナ禍に自分でできることはなんだろうと直倫さんは考えて、令和2年3月以降、「新型コロナ感染症病魔退散祈禱」として毎日斎

夜の繁華街、歌舞伎町に向き合う狼像

神殿の写真を軍人がお守りとして持っていったという

行している。

これは明治時代以降、神社神道では行わない作法であり、少なくとも東京都内では珍しい。稲荷鬼王神社創建以来、大久保家に伝わる作法で「臨・兵・闘・者・皆・陣・烈・在・前」などと唱えながら格子状に手刀を切る九字切りの作法を中心とする神事を拝殿で執り行う。

「医療従事者の方々をはじめ、多くの方々のご苦労に感謝しつつ行っています」とのこと。

ちなみに、この神社は神殿の写真撮影が許されている。と、いうのは、戦争時代、軍人が神殿内で撮った写真を戦地へ持って行ったところ、無事に戻ってきたことから、第14代目の義道さんは「神様は写真を喜んだのではないか」と思い、それ以来伝統的に撮影を許すようになったそうだ。一般的な神社では、神殿内での写真撮影が禁止されているのが普通だし、そういう意味でも特別な神社ではあるようだ。ただし、ご祈禱以外の観光客が神殿内の写真を撮るのはご遠慮願っているとのことだ。

桜川御嶽神社の狼像

東武東上線の上板橋駅を出て、南に続く上板銀座商店街を抜け400メートルほど歩くと、城北中央公園に至る。野球場や体育館があり、時折歓声が聞こえてくる。その一角に桜川御嶽神社が鎮座する。

桜川御嶽神社には、三対の狼像が奉納されている。階段下の昭和35年奉納された一対、階段を上った二の鳥居脇の昭和61年11月奉納の一対、そして社殿右側に覆屋があり、その中に嘉永7年（1854年）銘の一対。三対から、それぞれの時代の狼のイメージの違いもわかって、狼信仰の神社としても大変重要な神社だと思われる。

令和元年の大晦日の夕方に参拝したとき、参道にはたくさんの提灯がかかっていたが、おりからの強風でその提灯が揺れて、お犬さまがその光を受けて、笑っているようにも見え、またときには恐ろしい顔にも見えた。まるでお犬さまが生きているように感じた。

覆屋の中の一対のお犬さま像は、下新倉（埼玉県和光市）の石工・石田栄蔵によって造られ、当時、神社の肝煎(きもいり)をつとめていた宝田氏・木下氏が中心となり安置したもので、「御嶽神社の狛犬」として板橋区登録有形民俗文化財に指定されている。原初的なパワー

提灯の明かりで表情が変わる昭和35年奉納の狼像

この顔を削って財布に入れてもご利益はない

文化財に指定されている嘉永7年の狼像

と同時に愛嬌も感じられる、すばらしい造形だ。

この像は、もともとは二の鳥居の脇に建っていた。しかし、風雨に当たり形が崩れていってしまうのを心配して、昭和61年11月、覆屋の中に移し保存することになった。

現在この神社を管理しているのは桜川御嶽神社敬神講だが、その講元である木下奉章（ともゆき）さんから昔の話を伺った。

神社があるところは小高い丘になっていて、昔はお茶畑などもあったという。丘の南側、石神井（しゃくじい）川の先は茂呂山になっていて、古老の女性が嫁に来たころ、「狐の嫁入り」みたいな灯りは見たと聞いたというが、残念ながら、狼に関しての話はない。

青梅の武蔵御嶽神社とはずっと交流があり、昔は代表を決めて行く「代参」で武蔵御嶽神社を参拝していたが、昭和49～51年ころ、7人で参拝したのが、御嶽講としての最後の代参になった。

毎年2月になると、武蔵御嶽神社から御師が来ていたが、木下さんの家など4軒が回り持ちで御師を泊めていた。御師は泊まりながら、かつての上板橋村一帯

階段上にいる昭和61年奉納の狼像

でお札を頒布していて、木下さんも頒布を手伝ったことがある。昭和50年ころの話だ。

その後は、正月過ぎに御師がやってきて、お札を4軒に置いていくようになり、それを4軒で講員宅に配った。そして今は武蔵御嶽神社から郵送されるようになり、桜川御嶽神社氏子による「敬神講中」で頒布している。

木下さんは、今でも大口真神のお札を個人でいただいている。毎年4月に「お差し替え」といって、箱の中に入ったお札を替えてもらっているが、今まで箱は開けたことがないので、中身は見たことがないという。

ところで、令和2年の暮れに、お犬さまが置かれた覆屋に金網が張られた。なんと、お犬さまの頬が削られるという事件が起こったらしい。お犬さまの削り粉を馬券などといっしょに財布に入れておくと、馬券が当たって金がたまるという噂が出ているらしいのだ。その噂の出所は、木下さんはじめ神社関係者もまったく見当がつかないが、その噂だけは聞いていたので、急遽金網を張って対策を講じることにした。

木下さんの知人が、まさに金網を張っているとき、

大晦日の参道には多くの提灯が吊るされる

男が来て、「これじゃぁ、削れないよ」と文句をいったそうだ。木下さんの知人は、「だから、削られないように張っているんだ」と反発したという。まったくどこからそんな話が出たのかわからないし、罰当たりな行為だ（文化財を傷つけるのは犯罪行為でもある）。

そういえば、昔、狐憑きが治るといって狼の頭蓋骨を削って飲んだという話があるが、何か関係があるのだろうか。いけないことではあるが、これも狼信仰には違いないだろう。ただ、病気を治すためではなく、私腹を肥やすためというのは、現代的といえるかもしれない。

この神社では、毎年3月8日に毘謝祭を行っている。強飯式の面影を残す大盛飯の膳、大根で作った鶴亀（逢来山）を神前に供える風習が残されている。令和2年、そろそろコロナ禍が深刻になりつつある中でも、祭りだけは絶やしたくないという思いで、豊作祈願で伝統の鶴亀を造り奉納した。私はできたものだけを写真に撮らせてもらった。

昔、上板橋村字七軒家の上の地区と下の地区に分かれ、鶴亀の出来栄えを競ったという。今、大根はまっ

毘謝祭で供えられる鶴亀。
葉で隠れた白いものが亀

すぐのやつしか店頭に並んでいないが、昔は、曲がった大根をあえて選んでいたので、細工も少なく、素朴なものだったそうだ。それが、鶴の目を描いたり、亀の甲羅を模してみたりと、だんだん凝ったものへと変化してきたという。

木下さんが子供のころは、秋祭りも盛大に行われていて、階段下の参道には露天商も並び、にぎわったそうだ。そのころ、神社の氏子の子供たちは、祭りの日に学校を午前中で早退できたという。今も祭りは行われているが、昭和32年ころから露天商はでなくなってしまった。また、本来、例大祭は9月18日だったが、今はそれに近い土日になっているそうだ。

昭和7年に造られた神輿は小ぶりだが立派なものだ。途中17年間中断したものの、平成19年から神輿が復活した。桜川中学校のバスケ部の卒業生の仲間を中心にして、神輿の会を結成して、祭りで神輿を担ぐようになった。

「神輿をはじめとして、祭りは続けていきたい、若い人たちには、自分たちの祭りであるということを感じてほしい」という。それは地元愛を育てることにもなるだろう。その世代をつなぐ役目を木下さんたちは担っているようだ。

砧三峯神社の講中

たまたま近くで撮影の仕事があったので、小田急線の祖師ヶ谷大蔵駅から住宅街の中を歩いて15分くらいのところに鎮座する三峯神社に寄ってみた。

まったく偶然なのだが、参拝した日は、ちょうど境内に神輿が出してあり、どうも祭礼の準備中のようだった。それで声をかけた人が、この三峯神社の広報部長のような人で、竹内秀雄さんといった。昔から住んでいて、もちろん三峯講中の講員でもある。

「今日は宵宮で、明日の午前中に神事があり、神輿の渡御は昼12時スタートします」という。なんてラッキーなんだ、きっとお犬さまに呼ばれたんだなと思った。

竹内さんによると、例大祭は以前は10月1日に行われていたそうだが、現在は10月の第一日曜に変わっているという。日本全国同じで、祭りが平日に当たってしまうと、人が集まらないからだ。令和元年の例大祭は10月6日（日）だった。

秩父の三峯神社を勧請した各地の三峯神社や三峯社は、大きな神社の境内社として祀られていることが多いが、ここの三峯神社は独立していて、その中でも大きいほうだ。

この神社の由来を尋ねたら、江戸時代、祠を担いできた御師（行者か？）がいて、その

狼像が見守る子供神輿の宮出し

祠を置いていった。祠を粗末にはできないので、それを祀り始めた。

実は、このあたりが世田谷で一番高い土地で、「ここは山なんです」という竹内さんの言葉にハッとした。あとで地形図で確かめると、多摩川と神田川の間の丘陵地帯は、三鷹市に近づくにつれて高くなっているようで、現在は市街地になり建物が多くてよくわからないが、高い土地ではあるようだ。昔の人が歩いてきた感覚からいえば、多摩川から上ってくると、たしかに「山」に感じたかもしれない。

そこに山岳信仰の祠を祀ったということだろうか。実際に三峯神社を勧請したのは後の時代らしいが、安政7年（1860年）三峯山に参籠・寄進した記録はある。昭和29年境内地を拡張し、昭和37年に社殿を改築し、砧町の鎮守として多くの崇敬を集めてきた。

現在も講中は機能していて、40数軒が講員になっている。しかも、新しい住民も講員になり、徐々に世代交代もできていて、しばらくはここの講中は続いていくだろうという。だから昔から講員数は変わらない。

祭りの準備も講中のボランティアだ。「じゃないと、

拝殿前の昭和40年奉納の狼像

こんな祭りはできないですよ」という。なんだか、この講中は結束力が強いらしく、神社の敷地を拡張するときも、ほとんどの講員が寄付をしている。

「今どき神社が広がっているのは珍しいでしょう?」と竹内さんは自慢げにいった。それはそのまま、地域のコミュニティーがうまくいっている証拠でもあるだろう。自慢するだけのことはある。

翌日、砧三峯神社の例大祭に参加した。前日、祭りのことを知ったのも偶然だし、たまたまこの日は仕事がなかったので参加することができた。神社には午前11時半ころに着いた。境内は人でごった返していた。

神輿の渡御は昼12時からで、砧地区を周って、夕方に宮入りする。夜は神楽（かぐら）ではなく、素人演芸大会が開かれる。

12時になり、手打ちが行われたあと、最初は子供神輿の宮出しだったが、雨が本降りになってきた。次に大人の神輿が宮出しだ。

大きな太鼓を打ちながら通りを行く。車に乗ったお囃子の音はますますひどくなる雨音を消すように熱がこもっていた。

講員の一体感が増す
例大祭での神輿渡御

日をあらためて、詳しい話を竹内さんに伺った。

今、神社には二対の狼像が鎮座する。狼像をここでも「お犬さま」と呼ぶ。三峯の本山の伝説を参考に狼像を作った。昭和8年奉納のお犬さまは、最初、社殿前にあった。昭和37年に、現在の社殿が建てられたあと、昭和40年2月に、講中の矢藤園（造園業）がもう一対のお犬さまを奉納したことから、昭和8年のお犬さまは、鳥居のほうに移したのだという。なぜか古い狼像のほうが写実的だ。

竹内さんが子供のころ、友だちと遊ぶときは「お犬さまの前に集まろう」といっていた。住民たちも「お犬さま」とは呼んでいたが、それが狼とは思っていなかった。逆に最近、三峯の伝説から「お犬さま」が狼であることを知ったそうだ。

都内の三峯神社は、火災除け、盗難除けで勧請されたものが多いが、ここでは、特別な願意があったわけではなく、むしろ、地域の中心として三峯神社ができていったという経緯があるようだ。三峯神社としての歴史はそれほど長いわけではない。

ここは世田谷の山（大蔵給水場がある）なので「山野（さんや）」という。神社は山野の中心部に位置している。それはもともとが村人が集まる集会所のようなところであり、神社が地域の中心になっている。地域を支えあっている集団の中で、三峯講中はそのシンボルでもある。

昭和８年に奉納された狼像と鳥居

昔は代参講だったが、今はだれでも参加でき、バスで60人くらいが登拝するという。ここには、三峯、御嶽、榛名、大山講があり、それぞれ参拝するときは、「三峯山山野講中」「御嶽山山野講中」「榛名山山野講中」と名乗り、3年ごとに、この3山をめぐる（大山もあるが、これだけは、世話人がお札を総代の家に持って帰って祀り、毎年替えに行く）。

講中の活動には、家を継いだ長男が参加していた。代参のメンバーは、講中全員が集まって、紙に当たり外れを書いて、くじ引きで決めた。4〜5人選んでいた。講員から3000円ずつ集め、それを持って代参へ行った。竹内さんは、20年ほど前に、くじで当たったという。

三峯山での宿は決まっていて、神社に参拝し、お札をいただいて帰ってくる。講中のメンバーに配るお札と、講中宛にもらうお札があり、小さいお札はメンバーに配り、大きいお札を神社に祀る。代参は、宗教的な活動というよりも、行楽的な意味合いが強かった。ここ数年前から代参講はなくなり、みんなで行く総参講となっている。最近では、お札だけを郵送してもらうこともある。

正月15日の「初集会」では、講中全員が拝殿に入り参拝するようになった。このことでより一体感が高まったという。

講中の活発な活動の姿から、三峯神社の現代的な意味・意義が見えてくるようだ。ここでは「宗教」「信仰」というよりは「地域コミュニティー」としての講中なのだ。

リアルな姿の昭和８年の狼像

壊された神社

平成29年7月下旬のことだ。三鷹市牟礼には御嶽神社が3社あると聞いていた。京王井の頭線の三鷹台駅から南西に歩いて約20分。牟礼の里公園の北西に位置する牟礼御嶽神社は小さいながらも杜があり、社の左右ではお犬さまが守っていた。華奢な体つきだが、顔はいかつい。邪悪なものを寄せ付けない気迫を感じる。

西牟礼御嶽神社は、牟礼御嶽神社から約5分、人見街道と連雀通りの分岐点に鎮座する。三角形の境内はきちんと掃き清められていて、祠にはお札、参道には一対のお犬さまが奉納されている。小さいながらも地元の信仰がきちんと続けられていることを感じさせる。

西牟礼御嶽神社のお犬さまの撮影を終えて、今度は東牟礼御嶽神社へと向かった。東の方向へ2キロほど歩いたとき道に迷ってしまった。

たまたま道で掃除をしていたおばさんがいたので、東牟礼御嶽神社の場所を尋ねたら、

「昨日から壊していますよ」

というのだ。どういうことですか？と聞き返すと、このおばさんは御嶽講の講員だそうで（これは運が良かったが）、

牟礼御嶽神社の狼像

水平を見つめる「うん」形の狼像

上向き加減の西牟礼御嶽神社の「あ」形の狼像

狼の指は「狼爪」含めて前足５本、後ろ足４本

重機で社殿が取り壊されている東牟礼御嶽神社

「先日、本山の御嶽神社のほうから神主さんがみえて、魂（神霊？）を抜く儀式も済ませて、ちょうど昨日から神社を壊し始めたんです。急いで行かれたらいいですよ」

「お犬さま像はどうですか？　まだありますか？」と聞くと、

「まだあるかもしれません」

という。

そこから300メートルほど行くと、道路の拡張工事が行われていて、ようやく神社を探し当てた。Y字になった道の間に境内があって、社殿の半分ほどが壊されたところだった。屋根は斜めになり、社殿の内側が露わになっていた。土埃の匂いが辺りに漂っていた。ちょうど昼の休憩時間のようで、工事は中断していた。重機が置いてあったが、だれもいない。

境内の中を覗いたら、お犬さま像は見当たらない。すでに撤去されたあとだった。1基の石碑がかろうじて残っていた。望遠レンズで覗くと、それは昭和51年、御嶽神社屋根銅板工事のときに寄贈された碑だった。なんということだ。実は1週間前に訪ねる予定だったのだ。

JR吉祥寺駅を出て南に歩くと、市民憩いの場所、井の頭公園がある。江戸時代は3代将軍徳川家光が鷹狩りをした森でもあった。ここを御犬が走り回ったのだろう。

犬むすびの松広場に立つ看板

また、このあたりには狼の伝説も残っている。井の頭公園の森林は、昔の武蔵野の原野を少しだけほうふつとさせる場所だ。昔は狼もいたんだろうなぁと想像させる。公園から南に歩き、玉川上水にぶつかったら、それを遡る（三鷹駅方面）と、武蔵野市御殿山2丁目に、小さな公園（広場）がある。平成27年4月に開園した「犬むすびの松広場」だ。公園の解説看板には、次のように記されていた。

江戸時代から厄除けの松と知られ、武蔵野市の民話に語り継がれてきた「犬むすびの松」（クロマツ・推定樹齢100年）が、平成元年、マツクイムシなどの被害を受け伐採されました。

伝承によると、近くの旧家の敷地内に当時「山犬」と呼ばれたオオカミの親子が住み着き、田畑を荒らすキツネやタヌキを退治することから、多くの農民から神様・厄除けとして崇められていました。

あるとき、そのオオカミが死んでしまったため玉川上水沿いの松の根元に葬りました。毎年命日の4月15日には握り飯（赤飯）を供え、「厄除けのお犬さまのおむすび」として農民や子供たちに配ったと伝えられています。麦や雑穀を主食にしていた地域の人たちにとって握り飯は大変なごちそうであったそうで、オオカミ信仰としてのこの習慣は昭和15年ごろまで続いたとされています。

武蔵野市役所で確認したところ、狼が葬られたオリジナルの「犬松」があった場所は、公園の150メートルほど上流、三鷹駅側にあったそうだ。玉川上水の左岸だ。玉川上水

うっそうとした木々が生える玉川上水

は、承応2年（1653年）に江戸市中に飲料水を送るために43キロにわたって開削された水路だ。都会の真ん中の用水路というイメージとは違って、水面は木々に隠れて暗く、大きな木も生えている。樹齢100年の松がここに生えていても違和感はない。

「犬むすびの松広場」から北へ、中央線のガードをくぐってさらに1キロほど行った交差点の近くに三峯神社が鎮座する。交通量の多い五日市街道に面し、ビルと駐車場に囲まれた神社だ。一対のお犬さま像が守っている。

写真を撮っていると、直射日光がじりじりと私の頭部を焼いて、たまらない暑さだ。お犬さまもじゃっかん下を向いていて、まるで暑さにうなだれているように見えてしまう。

実は、この日、これから三鷹市牟礼に鎮座する御嶽神社まで歩くつもりだった。しかし、その年は夏の猛暑が酷く、私はこの暑に耐えられず、また頭痛もしてきて熱中症の初期症状のようになってきたので、帰宅することにしたのだ。

そして後日、牟礼に行ったのだが、数日差で、東牟礼御嶽神社の写真を撮りのがすことになるとは。貴重なものを失ってしまったのは残念だ。ただ、このとき、お犬さまはだれかが引き取ったという噂を聞いていた。

訪ねよう、訪ねようと思いながらも、時間だけは経ってしまった。ようやくそのお犬さまを探す機会がおとずれたのは、東牟礼御嶽神社が壊されてから3年後だった。

もう3年も前の話なので、お犬さまはなくなっているかもしれないと心配だったが、かつての神社の跡地が空き地になっているのを写真に撮ったあと、そこから300メートルほど離れたところのお宅の前で、たまたま外にいたおじいさんに事情を話したら、なんと、

武蔵野市中町の三峯神社の狼像

この人がお犬さまを引き取った人だった。私は恐る恐る聞いてみた。

「お犬さまはまだいますか？」

「いますよ」という返事に俄然、私は興奮した。全国のお犬さまの写真を撮っている者ですと自己紹介し、見せてもらった。

そのお犬さまは木のそばに置いてあった。高さは30センチくらいで、台座に載っている。台座に刻まれた講員10名ほどの名前の中に、このおじいさんのおじいさんの名前もあった。そこからすると、このお犬さまが奉納されたのは明治時代の末になるようだ。

東牟礼御嶽神社の境内には5～6人が入れる大きさの社殿があって、手前左右に置かれた2段の台座の上にお犬さまが載っていた。代参が行われていたころは、くじ引きで5～6人が武蔵御嶽神社に登拝していた。おじいさんは中学生のころ、父親の代わりに代参を務めたこともあったという。御師宅に1泊し、お参りしてお札をもらい、帰ってきたら講員にお札を配り、社殿内にもお札を貼った。

その後、代参がなくなってからは、毎年10月14日、

氏子によって引き取られた東牟礼御嶽神社の狼像

いずれ稲荷神社を守ることになるかもしれない

15日の祭りの日に、本山である武蔵御嶽神社から御師が来て、お札を頂戴していたという。

どうしてお犬さまを引き取ったか、ということには、共感できる理由があった。おじいさんは、大学は文学部で卒論が「仏像の起源」だった。ガンダーラが最初の仏像が作られた場所だ。そうか、お犬さまを「像」という面から見たら、ガンダーラがルーツか。話がでかくなってきたが、たしかにそれも事実だ。

おじいさんは、大学を卒業してから、米軍放出の寝袋を買って、北海道から沖縄まで放浪したという。その中で、奈良の荒寺で2カ月ほどお世話になった。掃除をしたり参拝客を案内したりした。その放浪後、会社に就職した。私より20歳くらい上の先輩になるが、同じこと（バックパッカー）をしていたということに、とても親しみを感じた。

もともと仏像に興味があり、神社が壊されると工事人はお犬さまを捨ててしまうだろうし、形あるものは壊れたらもう元には戻らないと思った。お犬さまが壊されてしまうのは、忍びない。そして台座には自分の祖先の名前も刻まれている。だから引き取ったとのだという。

お犬さまは単なる石の塊ではない。ちゃんと物語を持っているのだ。その物語を大切にすることは、地元の土地や祖先に対するリスペクトにもなる。お犬さまを失うことは、自分の物語も失ってしまうやりきれなさがあったのかもしれない。

環八通りから高井戸
不動尊の参道に入る

「そのうち、稲荷の祠の前にお犬さまを置いて祀ろうと思っています。狼と狐で、違うんだけどね」

お犬さまの居場所がなくなったとき、どういう運命をたどるのか、よくわかるケースでもある。そのうち、この近所のお稲荷さんにお犬さまが置かれるだろう。

ということは、逆もあり得るということだ。各地の三峯や御嶽の小さな祠の前に、狐のように見える動物像が置いてあったりするが、おじいさんのケースから推測すると、それがどういった事情によるのかがなんとなくわかってくる。日本人の信仰心というか、物にさえ魂が宿り、それを粗末にできないという心情が見えるようだ。アニミズム的な信仰からは、狐像も狼像も関係ないのだろう。

そのあと、象頭山吉祥院を参拝した。通称高井戸不動尊だ。井の頭線の高井戸駅から環八通りを400メートルほど南に歩くと、細い通りが吉祥院への参道になっている。70メートルほど進むと山門があるが、その手前に、御嶽山神社が鎮座する。それほど広い境内ではないが、鳥居の内側には一対のお犬さまが社を守っている。

お犬さま像は、細身のタイプで、よじった体の背中はあばら骨が浮き出している。このあばらの表現が特徴的だ。小ぶりながら迫力がある。守護獣としてふさわしい姿だ。

こういうお犬さまがずっと残っていてほしいとは思うのだが、東京の開発はこれからも続いていくだろうし、この御嶽山神社のお犬さまもいつ姿を消してしまうかわからない。「いつまでもあると思うなお犬さま」だ。

吉祥院の山門前、御嶽山神社を守る狼像

細身の体であばらが強調されている

武蔵国東部の狼信仰

私は2年前に埼玉県狭山市から上尾(あげお)市に引っ越した。上尾は武蔵国東部に位置し、中山道の宿場でもあった。地元の狼信仰について追ってみた。

三峯山への信仰について、とくに武蔵国東部に焦点をあてながら検討した三木一彦氏の「関東平野における三峰信仰の展開　武蔵国東部を中心に」という考察を参考に、武蔵国の様子を概観してみよう。

武蔵国とは、今の東京都と埼玉県、神奈川県の川崎市、横浜市あたりを範囲とする大国だった。17世紀後期になって新田開発が進んだ。武蔵国東部のそれまで湿地だったところは米の産地として発展していった。

日本では、狼は鹿や猪を食べ、結果、人間にとっては農作物を守ってくれたので益獣だった。だから農村部の人々が三峯信仰に求めたのは、最初は鹿や猪除けだった。実際に、武蔵国東部で狼に遭遇することがあったかどうかはわからないが、とにかく、三峯信仰に求めたのは作神様としての願意だったという。

「関東平野における三峰信仰の展開」には「武蔵国における三峰末社の分布」の地図も

春日部市内に残る三峰山の石祠。左から下柳香取神社、東中野香取神社、八坂香取稲荷合社

載っているが、それを見ると、文化・文政年間（1804〜30年）には、江戸市中と、中山道、日光街道などの街道筋に多く点在している。

日光街道の宿場だった春日部（かすかべ）（昔は粕壁と表記）には、狼像はないが、複数の「三峯山」の石祠が残っている。下柳香取神社の「三峯山」（天保9年＝1838年）、八坂香取稲荷合社の「三峯山大権現」（文化10年＝1813年）、東中野香取神社の「三峰山」（文久元年＝1861年）などだ。三峯信仰が盛んだった名残りだ。

埼玉県さいたま市浦和区　三峯秋葉両社

埼玉県さいたま市浦和区は、中山道沿いの宿場という歴史を持ちながら、近代的なところもあり、「住みたい街ランキング」の上位に入ることにも納得できるいい街だ。

JR浦和駅の西口には、コルソと伊勢丹のふたつの大型商業ビルが建っている。その裏側にパチンコ店とファミリーレストランがあって、その間に三峯秋葉両社が鎮座する。こんなところに神社が？と思えるようなロケーションだ。

この神社について調べると、三峯講が存在し、講元ではないが、その年当番を務めている人に話を伺うことができた。

まず、この神社は、もともとは浦和駅西口を出たところにあった（残

浦和駅西口、ビルの間に
鎮座する三峯秋葉両社

毎月19日、講員が
当番でお供えする

念ながら狼像は最初からなかったそうだ)。神社は、約70年前に今のコルソがある敷地内に移転し、約40年前にコルソができるとき、今のところに再移転した。

毎月19日には、野菜、魚、塩、コメなどを当番がお供えする。とくに毎年5月19日は、近所の調(つき)神社から神職が来て祝詞をあげる。これは、総本山、秩父の三峯神社のオタキアゲ神事の日が10日と19日だが、神域を守っているお犬さまに対するものが10日で、遠隔地で活躍するお犬さまに対するオタキアゲは、19日であることと符合する。

希望者だけだが、毎年バスで秩父の三峯山へ参拝する。この年も35〜36人が参拝した。「温泉入ったりするのが楽しいんですよ」という。今は、特別の願いごとがあって参拝する訳ではなく、ほぼ100パーセントリクエーションだ。

この講員の認識では、「三峯が盗難除け、秋葉が火災除け」とのこと。ところが、盗難除けのはずなのに、神社は昔賽銭泥棒の被害に遭ったといって笑った。

「神社でお金盗られる代わりに私たちには泥棒は来ないから、それでいいいんです」

三峯神社の狼像

西堀氷川神社内の三峯神社の鳥居

境内の武蔵御嶽神社

なるほど、そういうふうにもいえる（三峯さまが犠牲になってくれた、という話は方々で聞いた）。

これだけの駅近の神社に三峯講があって、まだ機能しているということに感動を覚える。

さいたま市桜区　西堀氷川神社

さいたま市桜区の西堀氷川神社を参拝した。浦和駅の西方、住宅街に丘がある。鎌倉時代、この丘に城が築かれたという。今、西堀氷川神社が鎮座しているところだ。

境内には、秩父三峯神社と武蔵御嶽神社の摂社があり、三峯神社の前にはお犬さまが鎮座している。これは意外と新しく、といっても、約30年前に奉納されたお犬さまだ。

御嶽神社のほうにはお犬さまはなく、その代わり、お札が貼られていた痕が残っていた。よく見ると「大口真神」と読める。

また、境内の社務所の隣に「ご神木」がそびえたっている。クスノキの大木だが、看板が掲げられていて

三峯神社の狼像と社殿

「ご神木の息吹を戴いてみませんか」とあり、パワースポットになっているらしい。

さいたま市南区　根岸神明社

さいたま市南区の根岸神明社を参拝した。旧中山道から東へ150メートルほど離れた丘の中腹に鎮座する。

今は住宅街だが、昭和初期までは、中山道沿いの集落を除けば、一面に田畑が広がる農業地帯だった。しかし昭和30年代から農家が減少し、代わりに非農家の住宅が増えていき、4000戸になっている。その中で氏子は昔から住んでいる300戸だ。

境内には、不思議な像が複数あった。これは何なのだろうか？　狼？　犬？　狐？

稲荷社と三峯社の前に新しい像が二対建っていて、これは明らかに狐像だとわかるものだったが、稲荷社の祠の下には、それとは別に一対と一体、合計三体の古い像が置かれていたのだ。

高さは25センチくらいで、状態は良いとはいえず、一番左の像は前足部分がなくなっている。首が折れたのを修復した跡もあった。

これは何の像なのだろうか？　狼像だといわれれば、あばらの表現や尾が地面で巻いているところなど、今まで見てきた狼像の範疇に入るも

根岸神明社に置かれた
狼と思われる石像

ので、疑うこともなかったかもしれない。しかし、置かれた場所が稲荷社なのだ。だから狐かなとも思ってしまう。

それで、この地区の神社仏閣を維持管理している共有地会の会長に確認したところ、「何人かの会長経験者たちに聞いたら、実際に像を作ったのは、先代以前の話で、よく分からない」とのこと。ただ、「秩父三峯神社から御霊分をしていただいたので、狛犬は狼であると思います」との返事だった。

さいたま市岩槻区　三峯神社

さいたま市岩槻区の三峯神社には、高さが18センチほどの像が納めてある。対ではなくて一体しか見当たらない。

雨の中、傘をさして写真を撮っていると、そこに杖をついたおじいさんがお参りにきたので、多少の期待を持って「すみません。この三峯神社の氏子の方ですか?」と声をかけてみた。すると、氏子ではないが、毎日、この神社をお参りしているという。

「毎日お参りしていると神さまと話ができるような気がして」というので、「どんな話をされましたか?」と聞くと、「おまえ、今日もよく来たなと」とのこと。日課になっているお参りの散歩が健康維持にもつながっているようだ。おじいさんにとって、神さまが健康状態を見守ってく

三峯神社の社殿内の狼像

岩槻区の三峯神社の覆屋の破風

れているという感覚があるのだろう。これもひとつの「狼信仰」の形だ。

その覆屋には、雲形が相対するシンメトリー模様が施されているが、どうも、お犬さまが向かい合ってキスしているように見えてしかたない。

上尾市　橘神社

上尾市の神社にもお犬さまらしき像があった。

場所は、荒川河畔、橘神社に祀られている市の有形文化財に指定された「平方（ひらかた）村河岸出入商人衆奉納の石祠」の前。左側の像は顔の部分が割れて下に置かれてあった。

この石祠の左側面には、平方河岸に関係する商人たちが享保2年（1717年）に奉納したことが書かれ、右側面には祠を奉納した趣旨、平方河岸の繁栄に対する感謝と将来への発展の祈願が書かれている。

この石祠は、江戸中期から江戸地廻り経済（商品流通）によって発展した、平方河岸の隆盛を伝える数少ない貴重な歴史資料になっている。

橘神社の狼像は尻尾がくるりと巻いて子犬っぽい

いろんなところを転々とし、ここに落ち着いた

橘神社の社殿と市指定天然記念物の欅の巨木

中央が平方村河岸出入商人衆奉納の石碑

上尾の旧中山道沿いに
残る延享2年の庚申塔

しかし、石祠の由来とお犬さまや狼信仰とは、直接の関係は見いだせない。しかも、市の教育委員会にあった昔の写真を見せてもらうと、このお犬さまはいなかった。いろんな状況から考えると、この石祠とお犬さま像は関係がなく、どこかから移されたのかもしれない。教育委員会の見解も、別なところに石像があって、合祀されたときに石像を神社に移し、さらに何年か前にこの石祠前に置かれるようになった可能性があるとのことだった。

＊

上尾図書館には、平成元年ころ行われた上尾市内の民俗調査をまとめた報告書があった。上尾市文化財調査報告『上尾の民俗 Ⅰ』『上尾の民俗 Ⅱ』だ。昔の代参の様子が分かって面白いので紹介しよう。

御嶽講は、青梅市の武蔵御嶽神社へ代参するものだが、大正時代から昭和初期には、上尾から自転車で行っていたという。しかも日帰りの代参もあったというからすごい。

『上尾の民俗 Ⅱ』から、戸崎地区の御嶽講の例を引用すると、

「御岳神社を信仰する講で、作神様であるという。二人一組で四月の節供のころの代参であった。御岳には自転車で行ったもので、戸崎から平方に出て川越に渡り、入間(いるま)川を経由して青梅に入り、ここからは神社までもう少しであった。（略）御岳に着くとまず御師に「代参できました」といって荷物を置いて神社を参拝する。参拝から帰ると御師の家の中に祀ってある神社で御師が中心になって祭典を行い、いただいて帰るお札やツツガユの紙を揃えてもらう」

上尾宿の鎮守で「お鍬さま」と呼ばれる氷川鍬神社

ツツガユ（筒粥）とは、その年一年の作物の出来の予測が書いてある占いで、これを見て「今年はコク（収穫量）がありそうだ」とか「今年はオカブ（陸稲）がだめだから、照りそうだ」などと話していたそうだ。

上尾から御嶽まで片道64キロある。時速12キロとしても5時間半。行きは緩やかな登りできつかったが、帰りは楽だったとあるが、自転車で往復11時間とは、想像しただけでも「遠い」距離だ。

そんな苦労をしてまでも、行きたい、いや、行かなければならないという当時の農民の心情を想像してしまった。御嶽までの日帰りの「旅」も、講員の思いを引き受け、くじで選ばれたという責任感や義務感に支えられた、単に物見遊山ではない苦労があったのだろうと。

しかし実際は、少しニュアンスが違っていたようだ。農作業が始まる前の春先、1日だけではあっても御嶽までの「旅」はそれなりに楽しかったようだ。とくに村を出たことがない若者にとって、外の世界を知る絶好の機会でもあった。事実リクエーション的要素もあったらしい。

これは大山講（石尊講）の話だが、上尾にも大山講があり、14〜15歳になると、男子は大山詣りをした。これが一種の大人の儀式のようで、借金してまでも大山詣りをしないと、一人前として認められなかったという。

上尾から行く場合は、平塚まで汽車に乗り、そこからは遠い距離を歩いた。そのため下駄では大変なので、草鞋（わらじ）や地下足袋で行った。しかし、

武蔵御嶽神社境内の筒粥
神事が行われる場所

帰り、江の島、鎌倉、東京を通るとき草鞋ばきは恥ずかしいので、せめて地下足袋をはいて行きたいといって買ってもらった若者もいたそうだ。いつの時代も若者はおしゃれに敏感だ。

三峯講についても、『上尾の民俗 II』から、向山地区の例として引用する。

「春四月頃の代参で、以前は秩父鉄道が影森までしか行っていなかったので、ここから歩いて神社まで行ったものである。このため、日帰りでは代参出来ないので、神社の坊に宿泊している。代参者は、講中の各家にお札を買ってくるが、このほか講で一体御眷属というお札を毎年取り替えて来る」

秩父鉄道は、明治34年に熊谷・寄居間で営業を開始して、大正3年には秩父駅まで、大正6年には影森駅まで伸びた。三峰口まで伸びたのは昭和5年のこと。だから、影森から神社まで歩いたというのは、大正半ばから昭和初期ころの話だ。このときはまだ日帰りの代参は難しく、神社の宿坊に泊まり、1泊2日の行程が多かったとのこと。その後、鉄道やロープウェイ（現在は廃止）の整備、自家用車の普及によって日帰りの代参が可能になった。

『上尾の民俗』で語られる講員の話を読んでみて受ける印象は、人々が三峯や御嶽を信仰していたのは、あくまでも農家が求める作神様という

江戸から釜伏峠を越えて秩父へ入る道「山通り」

ところであって、お札にお犬さまの姿が刷られていても、それが狼であることにはあまり関心が無いように見える。農家にとっては、今年の作柄がどうなるかというところが重要なのだ。狼が鹿や猪を食べるという具体的な目撃談はすでになく、狼かどうかははっきりいって、どうでもよかったのかもしれない。

一方、江戸の三峯信仰は、最初から鹿や猪除けではなく、火災・盗難除けとして信仰された。大火が何度も発生していた江戸で、火災除けは必然だったのだろう。ちなみに1601年から1867年の267年間に、江戸では49回もの大火が発生している。それと盗難除けも、どちらかというと都会的だ。

街道が発達してくると、上尾などの宿場でもその影響を受けるようになる。宿場からさらに田舎の農村にその影響は伝播していった。

このように農村でも都会の影響を受けて、三峯も、だんだんと火災・盗難除けとして信仰されるようになっていった。

武蔵野坐令和神社　近未来の狼像

現時点（令和3年4月）で、これは神社を守る「日本一新しいお犬さま」ではないだろうか。

JR武蔵野線の東所沢駅から徒歩10分、ところざわサクラタウンの一角に鎮座する武蔵野令和神社の「お犬さま」だ。ただし、参拝者は「お犬さま」と呼び始めているが、神社では「ニホンオオカミをモチーフとした神使像」だとしている。

神社の正式名称を「武蔵野坐令和神社（むさしのにますうるわしきやまとのみやしろ）」といい、通称「武蔵野令和神社（むさしのれいわじんじゃ）」。令和2年7月25日御鎮座の新しい神社で、社殿は隈研吾氏がデザインした姿も近未来的だ。ここはまた、一般社団法人「アニメツーリズム協会」主催の「訪れてみたい日本のアニメ聖地88」の1番札所にもなっている。アニメファンも参拝する神社だ。

その拝殿にいるのが「あ・うん」の狼像だが、これは彫刻家・土屋仁応（よしまさ）氏の木彫作品だ。山中で道に迷った日本武尊を導き、窮地を救った白き狼（『日本書紀』）をモチーフにしている。青みが入った白で、耳のあたりや口の中は赤みの色で塗られている。気品があり優雅で、静かな中にも気迫が感じられる。神聖な場所を守る姿にふさわしい。

神殿前に置かれた土屋仁応氏作の狼像

アーティスト天野喜孝氏によって描かれた天井画「鳳凰」

おしゃれな店舗かなと
見まがう夕暮れの神社

神社は、飯田橋に鎮座する東京大神宮からのご分霊、天照大御神(あまてらすおおみかみ)と、地元の本郷氷川神社からの素戔嗚命(すさのおのみこと)の二柱を御祭神とする。

どうしてここに狼像が置かれることになったのか？ 宮司の小川泰弘さんにお話を伺った。

それは小川さんがこの新神社のプロジェクーに携わることになり、いろいろと思いをめぐらしていたとき、本屋で偶然目にした小倉美恵子著『オオカミの護符』を読んだこと、そしてある合同展で土屋さんが出品していた動物の木彫を見たこと。そのことで、「神社の狛犬には狼像だ！」と突然思いついたという。まるで、天から狼が降臨してきた。小川さんの中では、神社の場所が、狼信仰が息づく武蔵野であったことも関係していたようだ。やはり土地が持っている物語が大切なのだろう。

その1年後、土屋さんの個展で事情を話したという。土屋さんは仏像を奉納したことがあったが、まだ神社の狛犬はなかった。ラブラドールの愛犬を亡くしたばかりだったが、秩父の三峯神社を参拝し、拝殿で狼像を見たとき、愛犬を想ったという。そういうことがあり、土屋さんもこの縁は愛犬が導いてくれたのではないかと思い、狼像を作るのは初めてだったが、小川さんの申し出を受けることにしたそうだ。

この話を聞いて、私は、この狼像から立ち上がってくるリアリティは、普段犬と暮らしている人ならではのもの、イヌ科動物の微妙な匂いみたいなものを感じたのはそのせいかと納得できた。とにかくそこに「い

たくさんの絵馬がかけられたアニメの聖地

ネオンで彩られた鳥居前で
記念写真を撮る人も多い

る」という実感がする。

しかも狼像の眼は、ガラス細工作家・田中福男氏の作品だという。それでますますリアリティが増しているのだ。

今まで見慣れてきたお犬さまと比べると、その洗練された姿は際立っているが、しかし、小川さんはいう。

「この狼像がいいとか悪いとか、なくなるんです。ほかとは比べようもないし、身内みたいな感じです」

たしかに、その場所に落ち着いた途端、狼像たちはずっとそこに控えていたような存在感で、技術がどうのとか、形がどうのとかは、関係がなくなってくる。山中の小さな祠の、ある意味稚拙な像でも、まったく同じ存在感を持つことは、私も多くの狼像を見てきて感じていたことだ。今回小川さんの言葉を聞いてあらためて再確認ができた。

そこが美術品と信仰物との境でもあるのだろう。小川さんも神に仕える身としては、やはり、この狼像を神使像とみているということなのだと思う。

だから、参拝客たちから（SNSでも）「お犬さま」と呼ばれていても否定はしない。いや、むしろ「お犬

「あ」形の狼像には怖さと優しさの両方を感じる

さま」と親しみを込めて呼ばれることは、地元に根付く神社となっていくためにはいいことでもあるだろう。「白狼祭」を斎行したときは、普段は奥に置かれている狼像を参拝客や土屋さんのファンたちが間近に見られるようにもしたそうだ。

以前、犬像を探して歩いていたとき、新しい犬像にはお賽銭が上げられ、地元のお地蔵さんのようになっていく姿を何度か見たが、これと同じようなことはここでも起こるのではないか。

神様は目に見えないが、神使の狼像は見える。だから手を合わせやすい。神社のリーフレットには、神使像について「神を守護する存在として、道に迷う人々を導く存在として」とある。

神社で手を合わせることで、土地に対する愛着や感謝が生まれたり、物事に迷いができたときにはもう一度立ち止まったり背中を押してもらったりするのも、神社の役割なのだろう。そこに狼像がいて、狼像に見守られていたら、なおさらお参りの実感が増すのではないだろうか。

III 山の神と狼

よみがえるニホンオオカミ展

長野県富士見町の「高原のミュージアム」で『よみがえるニホンオオカミ展』が、令和2年6月25日から8月2日まで開かれた。私も全国の狼像の動画を提供していたので、ぜひ会期中に訪ねたいと思っていた。

サブタイトルに「「狼落とし(いぬ)」からなにかが見える」と付いている通り、富士見町で発見された「狼落とし」が文化財に指定されたことを記念して、長野県を中心に全国の狼信仰を紹介した企画展だ。

「狼落とし」とは、狼を捕まえるための落とし穴のことで、町内ではふたつ見つかっている(3つあったことが文献には残っている)。

この企画展の発案者・功労者でもある郷土史家の下平武さんに、「狼落とし」のひとつ(乙事(おっこと)地区)を案内していただいた。「狼落とし」の小さな立て看板がなければ、雑木林の窪んだ地形だと見逃されてしまうほどだ。

これは人工的に盛り土をしたわけではなく、自然の地形を利用したものだ。狼が通る獣道だったのかもしれない。穴は直径8メートル、深さ2・8メートルと大きく、発掘作業

長野県のある山住神社を守っている狼像

が行われたあとは、土を埋め戻して保存されているので、穴がどのようなものであったのか、正直わかりづらい。しかし、発掘作業中の写真を見せてもらうと、円筒形の穴の壁は石垣で補強されていて、しっかり作られた穴だったことがわかる。

ところで、ここの小字名が「犬の穴」なのだという。やはり地名は歴史も内包し、大切な遺産だと実感する。単なる穴ではないことが、これでわかるのだ。

狼落としは、山浦地方（八ヶ岳南麓）のほか、諏訪地方をはじめ東北地方などにもあったようだが、いずれも伝承があるだけで、実際に残っていて発掘作業まで行われた例はない。全国的にも珍しい文化財なのだ。

もともと、このあたりは狼の被害が多かった土地柄だ。諏訪藩公用日記『御用部屋日記』には、元禄15年（1702年）の5月から6月にかけて、山浦地方で子供4人が食い殺され、ひとりが重傷を負ったことが記されている。また、馬が襲われることもあり、山狩りが行われたり、鉄砲を使うための許可届の提出も多かった。藩の指示によって猟師による狼駆除も行われていた。

埋め戻された狼落としの前の下平さん

「狼落とし」には竹槍は使われておらず、落ちた狼を銃殺したものと思われる。ただし、富士見町内の文献からは、今のところ狼を実際に落として捕獲したという記録は見つかっていない。

また、寛政11年（1799年）に、乙事村では次郎兵衛狼合戦という事件が起こっている。

「吉右衛門という村人が、朝早く田んぼの見回り中に、オオカミに襲われました。ちょうど草刈りにいく途中だった次郎兵衛と数人の若者が、助けに向かいました。最後までオオカミと戦ったのが次郎兵衛です。身体中に傷を負いながらも、オオカミを組み伏せ、退治したのです。吉右衛門は、残念ながらこと切れてしまいましたが、このことで、次郎兵衛は諏訪藩の家老茅野氏の屋敷に呼ばれ、たいへん褒められ、帯刀を許されたということです」（下平武「「狼落とし」についての一考察」）

下平さんは「神さまとして崇められていたのに、どうして穴に落として獲るんだろう？」と最初は疑問を持ったという。たしかにそうだ。狼には、神（あるいは神使）と、害獣という立場というか、恵みを与える一方、怖い存在でもあったという両面性がうかがえる。下平さんも、

「恐怖の対象であったオオカミと、鳥獣害から畑を守ってくれる守護神でもあったオオカミ。怖い存在であればあるほど、神威も増すという、一見矛盾した存在のオオカミと、人々はどのように折り合いをつけていたのでしょうか？」

狼落としの発掘作業（富士見町教育委員会提供）

と、企画展のリーフレットに書いている。

下平さんはもともと「亡霊塔」や「ミサキ信仰」を調べていた。お札も集めていたが、その中に狼のお札もあった。金櫻神社、三峯神社など3〜4枚持っていた。そして、4月〜5月に行われる秩父の神社の祭礼（お犬替え）を周り、さらにお札をいただいて、ますます狼信仰にのめり込んでいったという。いろいろ狼信仰についてわかってきたので、展示企画を立ち上げた。

また、地元の古文書は数が多く、まだ全部を把握しているわけではない。たとえば、子育てのためにお乳を貸し借りするリストなども残っているそうだ。だれそれの奥さんは乳の出が良く、だれそれの奥さんは若いからきっと乳を借りることができるとか。

地元の古文書をひも解けば、表の歴史だけではなく、庶民の生活が見えてくるところが面白いと思う。

「よみがえるニホンオオカミ展」の内容はすごく充実していた。下平さんの狼信仰に対する熱が、狼圧としてひしひしと伝わってくるものだった。全国のお犬さまのお札の展示は圧巻だ。下平さんが自ら撮影した長野、山梨を中心にしたお犬さま（狼）像の写真展示もすばらしい。狼信仰に興味がある人にとっては印象深い企画展であったと思う。

展示物で一番気に入ったのは、一対の細身の狼像が向かい合っている

原村中新田の丸い体形の狼像

ものだが、これは県内のある小さな山住神社に祀られていたそうだ。10年前までは講があったが、それ以降は何もやっていなかったようで、荒れていたという。

長野県の狼信仰の特徴のひとつに「お仮屋」がある。茅（かや）で囲った御眷属箱の独特の祀り方だ。会場でも再現したものが展示されていた。長野県には、かつてこのお仮屋が100〜200カ所あったが、現在では25カ所くらい。25カ所でも十分に特徴ではあるだろう。このお仮屋に関して調べたところ、群馬のほうには、代参に行っている間、お仮屋を作るという習慣があって、それと関係するのかもしれないという。

展示を見たあと、富士見町の隣、原村の狼像を探しに行った。その一体は、中新田という集落のはずれ、金毘羅（こんぴら）大権現にあった。道脇に車を停めて高台に上がると、そこには複数の石碑や祠、鳥居があって、鳥居の左側に一体の狼像が見えた。

ずいぶん肥えたお犬さまだ。後ろから見ると、お尻が丸々としている。尻尾は左足もとに回してあり、それが台座にもなっている。文字がいくつか見えたが、

狼像は対ではなく、この一体しか見当たらない

原村菖蒲沢の3つの鳥居

じゃっかん口角を上げぎみの狼像

「三峯」の文字もあった。

　秩父の三峯神社の三峯講は、長野県にも多かったという資料がある。『埼玉県史』に載っている昭和15年の調査によると、三峯講の講社数は長野県1410、埼玉県914と続き、東京都は7番目で182。講社の数でいえば長野県が一番多かったのだ。この狼像はその証（あかし）ともいえるだろう。

　顔も少しとぼけた感じがして、全体的にユーモラスさを醸し出している。狼の険しさがない。あばら骨の表現がないからだろうか。この肥満体では逆にあばら骨が見えていたら不自然ともいえる。

　もう一体は、鳥居が3つ並ぶ菖蒲（しょうぶ）沢の「御鍬（おくわ）の森」で、複数の石祠が残っていたが、その中にお犬さま像があった。以前、村役場に聞いて探したが見つからなかった像だったことに、このとき気がついた。近くに見覚えのある墓地があったので思い出したのだ。

　実は後日、すぐ近所に狼像がもう一体あることを知った。地方では10メートル離れたところでも見逃すことがある。しかし、その探すのが難しいところも面白さだといったら天邪鬼（あまのじゃく）といわれてしまうのだろうか。

群馬県の狼像と狼祭り「おぼやしねぇ」

埼玉県長瀞町から県道13号線を山へ上り、群馬県藤岡市鬼石へと抜けた。神流川の支流、三波川沿いの道をさかのぼっていく。目的の琴平神社は、三波川郵便局の200メートルほど先にあった。川に赤い瀧乃橋がかかっていて、対岸にはいくつもの赤い鳥居が見えた。橋を渡って進むと、木々の日陰になり、涼しくて気持ちがいい。石段を上がっていくと社殿があって、すぐ両側にお犬さまがいるのが見えた。琴平神社の幟がはためいている。幟の後ろからお犬さまが現れたり隠れたりを繰り返す。太い眉が特徴のすばらしい像は、明治35年奉納とのことで、いい具合に苔むして、時間の流れを感じさせる。

社殿は石垣の組まれた境内に建っている。この石垣も先端に少し反りが入った、宮勾配を持つ石垣だ。石垣の横には「大山祇神」の石碑もあった。狼像がここで守っていることと関係があるらしい。琴平神社の奥の院がある雨降山は山岳信仰の修行の場であったという。御嶽三柱大神、大山祇神社、琴平大神を祀っている。

琴平神社から、金鑚神社に寄ったが、ここはまた埼玉県になる。かつてはお犬さまのお札も出していたらしいが、今はない。

〈左ページ〉
琴平神社を守る狼像は太い眉毛が特徴的

雨霧の中にたたずむ雷神嶽神社の狼像

次に、玉村町の玉村八幡宮に寄り、夜は赤城(あかぎ)山麓の道の駅「赤城の恵(めぐみ)」で車中泊だ。

翌朝4時半に起き、道の駅を出発した。雲に覆われてはいたが、すぐに雨が降るようには見えなかった。天気予報では、午後、あるいは夕方からの雨らしかったので、鳴神山登山に支障はないだろうと思った。桐生(きりゅう)市の市街地を抜け、北上すること30分。登山口の鳥居の扁額には「御嶽神社」とあった。

鳥居の先、最初は木材を運び出す林道だが、やがて本格的な山道になった。

鳴神山は登山としてはそれほど難しくはない。道も途中、新道、旧道に分かれるくらいで、ひたすら沢沿いの道を上っていくだけで、迷うことはない。

上って15分くらいで、大滝（不動滝）を通過した。中間点の休憩所まで来たとき、小雨がぱらついてきた。そしてなんと雷鳴が。どーんと腹に響く。さすが鳴神山だ。昔の人には、山の神が怒っていると感じられてもおかしくはないだろう。

大きな岩のところへ来たときには、本降りになっていた。湿度も高く、Tシャツはびしょぬれだ。約1時

狼像の顔から滴り落ちる雨は、涙か血か

頭に石が載せられた狼像

間半で「肩の広場」に到着すると、雷神嶽(なるかみたけ)神社はすぐそこだった。

靄(もや)が立ち込め、お犬さま像がシルエットとなって出迎えてくれた。神秘的だ。雷はさらにすごい音がして、落ちるのではないかと心配になるくらいだ。

一対のお犬さま像だが、どうも別々な感じがしてしまうのは、体つきというか、筋肉のつき方が若干違うように感じたからだろうか。それと、一体は耳が壊れたからなのか、耳の代わりのように石がふたつ頭の上に置かれていて、少し滑稽に見える。

雨はひどくなったり、弱くなったりを繰り返した。雨が弱くなるのを見計らって写真を撮り続けた。お犬さまの顔に打ち付けられた雨はしたたり落ち、涙のようでもあった。

そのあと下山し、みなかみ町の湯原神社を目指したが、だんだん雨はひどくなる。渋川市の道の駅「こもち」で休憩し、少し眠った。

みなかみ町では、意外にも湯原神社を探すのに手間取った。というのも、神社が町の中にあると思ったか

温泉街を見渡す高台に鎮座する三峯神社

湯原神社内の三峯神社を守る狼像

らだが、体育館の向かいの山の上にあり、境内の隅に三峯神社が鎮座していた。温泉街を見渡すロケーションはすばらしい。石祠の前で一対の可愛らしいお犬さまが守っていた。どちらも子狼のようで、遠吠えをしているような姿だ。

その夜は、温泉を併設した高山村の道の駅「中山盆地」で車中泊した。

翌日はいよいよ狼祭り「狼の産見舞（さんみま）い」の日だ。今回の撮影旅は、この日に合わせて日程を組んだのだった。関東地方で、この狼祭りが現在でも行われているのは、六合（くに）の引沼地区だけであるという。

現在は群馬県中之条町になっているが、旧六合村は、長野県と新潟県の境に位置する山村で、西は草津町に接する。

明治期にここを旅した大槻文彦の『復軒旅日記』には「熊鹿猪狼あり。羚羊（かもしか）兎猴（さる）多し」とあるように、狼も棲む深山だ。

六合の引沼地区に伝わる狼に関わる行事、「狼の産見舞い」（引沼では「おぼやしねぇ」）は、もともとは

中之条町引沼集落の様子

旧暦の5月に行われていたが、現在はフキの葉が大きくなる新暦6月の週末に行われるようになっている。

その「おぼやしねぇ」に参加させてほしいと前もって中之条町役場に連絡をしていて、担当のYさんに案内されて、引沼の公民館に向かった。公民館では村の人たちが草刈りをしていた。Yさんが私をお頭に紹介してくれた。お頭は1年ごとの周り番で、行事を取り仕切る責任者だ。

この年のお頭は、山本竹善（たけよし）さんといった。公民館の台所では、すでに料理の準備が始まっていた。割烹着に身を包んだ地元の奥さんたち数名が、まず、炊飯器の大きな鍋に米と小豆（あずき）を入れている。昔は、うるち米だけだったらしいが、おいしくするために今は、もち米も入れる。

あとは、キュウリとキャベツの漬物、竹輪とニシンの煮物、ゼンマイとフキの煮物と豆腐の味噌汁も作った。おばあさん二人が、台所の向かいの大広間でこれを発泡スチロールの皿に盛りつけている。

子供が4人やってきた。お頭によると、昔は子供がたくさんいて、フキの葉っぱを手で持って広げると、お頭が、小豆飯をしゃもじですくってあげていたという。

引沼出身で過去にお頭を務めたことのある山本修さんが、おぼやしねぇの紹介リーフレットで説明している内容を見てみよう。

「旧暦の5月8日に「八日節供」として村中から湯呑み茶碗に1杯の米

フキの葉を摘む村の子供たち

と、盃1杯の小豆を集めて組頭が大きな鍋で小豆飯を炊き、身欠きにしん（にしんの干物）二本を添えて、村の山手にある山道と、村を結ぶ四つ辻の石の上に供える。そして小豆飯を村中の子供たちに振舞う。子供たちはそれぞれに、できるだけ大きなフキの葉っぱを手にして公民館に集まり、組頭から小豆飯をもらう。こうしてもらった小豆飯を食べると、子どもは健やかに成長すると言われている」

この行事は、産土神（うぶすな）に、子供の健やかな成長を祈る儀式だといわれている。この前日がちょうど旧暦の5月5日の端午の節句だったという。「端午の節句というのも、この祭りに影響しているのかも」と、お頭はいう。

さらに山の神、十二さんの使いである山犬（狼）の子育て時期なので、その子育て上手にあやかり、十二さんに小豆飯を供えて、子供の成長を祈ると考えられているようだ。そしてもうひとつ、狼に食事を与えるのは里に近づかないでほしいとの願いがあったらしい。それだけ狼を恐れていたということなのだろう。

菱川晶子著『狼の民俗学』には、六合で聞き取った狼伝承が載っている。
「子供が泣いて聞かないので、外（庭）に出したら泣き止んで。声がしないから外へ出てみたら、山犬さんがくわえて行ったって」
「子供がおしっこに出たら、便所が外だから、狼がくわえて山へ行ってしまった」
「子供が夜泣きをしたり悪事を働くと、「泣きゃあ庭に出すぞ」と親によくいわれた」

今なら「虐待」といって通報されてしまうかもしれないが、とにかく、狼は怖いものだというふうに思っていたようだ。

20年前にお頭を務めたことのある山本宗晴さんの先祖も、明治以前に住んでいたのはも

作った料理を皿に盛りつける奥さんたち

炊きあがった2.7升の小豆飯

っと山深いところで、民家が4～5軒あった。しかし山犬の遠吠えが怖くて、引沼に引っ越してきたと、山本さんは先祖から聞いていた。

子供たちは公民館の敷地に生えていたフキの葉を取り、台所で葉を洗った。間もなく、小豆飯ができた。いい匂いがする。

10時半には会食が始まったが、それと同時に、石碑にお供えに行くというので連れていってもらうことになった。行くのは、山本宗晴さんだった。

軽トラックの助手席に乗せてもらい、5分ほどで石碑の前に着いた。昔の公道の脇で、大きな木の根元にお供えを置く石碑が立っている。

石碑は、高さが60センチほどで、「南ム阿弥陀仏」と刻まれ、「嘉永七年寅（1854年）七月五日」の年号や、「右はさわたり、左は山」とかろうじて読める。道しるべの役目もあったようだ。ここは三叉路になっているが、一本は狭い山道で昔の公道だ。

山本さんはお供え物を出して石碑の前に並べ、お神酒を周辺にふりかけ、跪(ひざまず)いて手を合わせた。大木の下

村人を代表して石碑にお参りする山本宗晴さん

小豆飯、ニシンの煮物などのお供え

道標でもあった「南ム阿弥陀仏」と刻まれた石碑

の石碑の前で跪き祈る山本さんの姿は、山で生きてきた人の山の神に対する真摯な姿が垣間見えて胸を打つ。昔は、この石碑ではなく、もっと山奥にある十二さんの祠にお供えしていたという。十二さんは山の神だ。今でも山仕事に携わる人は、12日に木を切ったりしない。この日に切ると、怪我をしたり災難に遭うといわれている。

引沼の人々は山の神を信仰し、木とともに暮らしてきた。農業もやったが、農作物は自分たちで食べる分だけ。米は少なく、いつもは麦など他の雑穀と混ぜて食べていた。冬は仕事がなくなるので、木を切って炭にした。この炭が農家の現金収入となった。一部の家では養蚕もやっていた。

山本さんが10歳のころ（55年以上前）、2枚のフキの葉を掌で広げると、お頭が小豆飯をポンと上に載せてくれたそうだ。米（ご飯）は特別のごちそうだった。「でも、小豆飯は焦げ臭くって、おいしいという思い出はないですね」といった。

公民館に戻ると、みんな会食中だった。私も席に招かれて、フキの葉に載った小豆飯をごちそうになる。

公民館でごちそうになった
フキの葉に載せられた小豆飯

フキの香りがした小豆飯は、ちょうど硬さも良くておいしい。

私はもちろん酒は飲まなかったが、村の人も、ほとんどジュースやウーロン茶だけで酒を飲む人は少なかった。そして12時半くらいには三々五々帰りだしお開きになった。意外と早い。これも今の時代らしい。

狼が子供を産んだときにご飯などを供える「産見舞い」は、全国で行われていた習俗だった。西村敏也著『武州三峰山の歴史民俗学的研究』には、

「柳田國男氏は、山の神が山の中で子を産むという俗信が神としての存在である狼と結びついた儀礼、松山義雄氏は狼害の緩和策としての儀礼と位置づけている。朝日稔氏は、犬の安産の知識が狼と習合したという可能性を示唆している」

とある。また狼にお供えするもので大切なものは「小豆飯」だが、小豆が山の神への供え物の特徴であること、そして小豆は産むことの呪力と結びつくという。

地元の人たちの話からも、「おぼやしねぇ」は、狼・山の神・産神の3つが合わさったような意味に捉えられていることがわかる。

ただ、実際今では狼はいなくなってしまったし、引沼地区の「おぼやしねぇ」に狼の影はほとんどなく、子供の日の影響もあり、子供が健やかに育ってほしいというような意味あいに変わっている。

栃木県の狼像

栃木県北西部は、日光白根山や男体山(なんたい)など多くの山が連なり、明治期までは狼が棲息(せいそく)していたという。千葉県佐倉市の国立歴史民俗博物館で収蔵されている「更新世のニホンオオカミ化石」は、佐野市葛生(くずう)で発見されたものだ。

栃木県大田原市 大田原神社 三峯神社

栃木県大田原市(おおたわら)に印象的な忘れられない姿の狼像がある。それは壊れているから、なおさら心に残る。大田原神社境内の三峯神社前に奉納されている昭和35年の狼像だ。

私が大田原神社を参拝したのは、平成29年5月のことだった。

大田原神社は、大田原の歴史と文化発祥の地とも呼べるところで、市の中心を流れる蛇(さ)尾(び)川の近く、大田原城跡（龍体山）に鎮座する。

駐車場から鳥居をくぐると、まっすぐな参道が社殿まで続いている。夕方だったということもあるが、参道脇には樹齢100年以上もの杉の古木が立っていて、薄暗くひっそり

上あごを失った大田原神社内の三峯神社の狼像

合祀殿の一番左側が三峯神社の祠

大田原神社の拝殿

4つの祠が並ぶ末社合祀殿

した境内は幽玄な雰囲気だ。

三峯神社は、社殿の右側に鎮座し、神使であるお犬さまが守っている。左側の「うん」像は耳がピンと立ち、上向き加減の姿は、力強さを感じさせる堂々としたものだ。

そして右側、「あ」像のお犬さまは、残念ながら上あごと耳がなくなっていて、壊れた部分が足もとに置いてあった。この壊れた姿が、否が応でも東日本大震災を思い出させてしまう。この像は震災で倒壊したのだ。大田原市は震度6強に襲われた。

宮司に話を伺ったところ、大田原神社も大きな被害に遭い、倒れた狼像や石灯籠や二の鳥居などは数カ月後に直した。その後、神社会館の建て替えや、社殿、社務所の修復などをしてきたが、一の鳥居が再建されたのは令和2年11月になってからだ。ほぼ10年かかってようやくすべての修復が終わった。

狼像は倒れたとき、粉々になってしまった部分があって、これをくっつけて修復することは不可能なので、今でもこのままの状態にしている。完全に狼像をもとの姿に戻すには、作り直すしかないが、その計画は今

朝日森天満宮内の三峯神社

のところないという。

しかし東日本大震災の歴史を背負った狼像として、このままでいいのかもしれない。関東地方の狼像の中で、東日本大震災の被害を自身の姿で語り継ぐことができるのは、この狼像しかないと思うからだ。災害を忘れないための震災遺構という考え方もできるのではないだろうか。

佐野市　朝日森天満宮　三峯神社

佐野市の朝日森天満宮境内の三峯神社を参拝した。

朝日森天満宮自体は菅原道真公を祀っている。ここに「天神様のなで牛」像がある。三峯神社の神使は狼だが、天満宮は牛になる。神牛の耳元でお願いごとを唱えながら一番気になるところを撫でると、撫でた個所と同じところにご利益があるとのことなので、もっと頭が良くなるようにと、私は神牛の頭を撫でた。

そのあと、拝殿から右側に回り込むと、三峯神社が見えてきた。石祠が祀られ、両側に狼像が控えている。子狼のように見える。しかし、しっかりと牙は表現されている。子狼なのに、いっしょうけんめい守っている姿が、健気な感じだ。後ろに回ると、祠の台座に「嘉永五年」（1852年）とあった。160数年前のものだ。意外に歴史がある。狼像は新しく見えるので、この何十年かで置かれたものなのだろう。

立派な玉垣で囲まれた三峯神社の祠

神社によると、かつて三峯講の活動は盛んだったが、講元が亡くなったあと、三峯講も自然消滅したという。だが、三峯神社の管理だけは天満宮のほうで行っているとのことだ。

野木町　雷電神社　三峯神社

栃木県野木町野木に鎮座する雷電神社内のお宮にお犬さま像があると知って参拝した。

その三峯の碑のレリーフ、お犬さま像はすばらしいものだったが、同時にこのお犬さまをきっかけにして、ある村の数奇な運命を知ることになった。これもお犬さまに導かれたといえるのかもしれない。

渡良瀬（わたらせ）遊水地は、平成24年7月3日、湿地の生態系を守る目的で設けられたラムサール条約に登録された。関東平野のほぼ中央に位置し、栃木・群馬・埼玉・茨城の4県にまたがる日本最大の遊水地だ。

雷電神社は開けた畑の中にあって、鳥居や社殿などの建築物や本殿前の狛犬はそれなりに古そうなのだが、何か違和感を覚えた。

社殿の左にお宮があり、「三峯神社」の石碑が納められていた。石碑は3段になっていて、1段目の石碑の側面に「昭和三十五年十一月　氏子中」と刻まれている。2段目の正面には、向かい合う狼のレリーフが施されている。そして床には一対の狼の石像が置かれている。狼像は壊

朝日森天満宮の三峯神社では、一対の子狼像が向かい合って守っている

雷電神社内三峯神社の石碑の狼の浮き彫り

石碑の下で守っている古そうな狼像

雷電神社境内、拝殿
左の覆屋が三峯神社

れたところがあって、無造作に修復されている。

　あらためて神社の全体を見ようと、鳥居まで戻ったとき、「雷電神社谷中村より移築」という看板が目に入った。

「谷中村？　どこかで聞いたような……」

　その1週間後、再び渡良瀬遊水地付近へ仕事で行く機会があったので、もう一度雷電神社へ寄ることにした。わざわざ「移築」と書いてあることに何か意味があるのでないだろうか？

　すると、この谷中村というのは、現在渡良瀬遊水地になっているところに存在し、強制廃村になった村だということがわかった。

　渡良瀬川下流部の谷中村は、3つの村が合併して明治22に誕生した。水田、畑作を主な生業とし、漁業やヨシズ作り、スゲ笠作り、養蚕業なども行われていた。

　明治20年代、足尾銅山から流出する鉱毒被害が広がり大きな社会問題となった。氾濫被害の軽減のためという名目で渡良瀬川下流部に遊水地を造る計画が打ち出され、谷中村を中心とした地域で、栃木県が土地の買収を始めた。反対した村人たちもいたが、明治39年に谷中村は藤岡町（現・栃木市）に合併され廃村となった。

　土地は不当に安い値段で当局に買い上げられ、村民たちは近隣の村々や、遠くは北海道へ移転していった。その後も、16世帯約100名は、谷中村の遊水池化に反対し買収に応ぜず堤内に留まっていたが、明治40

渡良瀬遊水地越しの早朝の筑波山

年、16戸の強制破壊が強行された。強制破壊後も、仮小屋を作り抵抗を続けた村人もいたが、大正6年、とうとう反対運動を断念して谷中村は名実ともに消滅した。

村民の移転先として、一番多かったのが茨城県古河(こが)市の120戸で、栃木県野木町には66戸が移転している。

このように強制廃村という形が取られ、神社も移築したのだった。神社を見て最初に感じた違和感、白々しさは、この土地とのつながりが浅い(神社としてはわずかに100年)ところからくるのかもしれなかった。

旧谷中村の跡地には、谷中村役場、雷電神社、延命院などの遺構が残っている。公害が理由で生まれた場所が今は自然保護の対象になっているというのも皮肉な話だ。

しかし、野木町野木に移ったのは、この跡地の神社ではなく、恵下野(えげの)にあったもう一社の雷電神社だった。恵下野村は、役場跡の東側に位置した。現在堤防になっている内側だ。夏場はヨシ原が深くて入っていくことはできない。

もう一度、野木町に戻り、雷電神社に向かった。そのとき、道を歩いていた70歳くらいのおじさんに話しかけたら、偶然にも雷電神社の氏子だという。氏子は現在20数戸だそうだ。

恵下野の住民が移転したのは、明治39年のこと。その翌年、明治40年

旧谷中村の跡地に残る墓石

に加藤伊右衛門が土地を寄進して雷電神社が遷座した。もし神社がなくなったら、土地を加藤伊右衛門に返すという証文があるという。

おじさんに紹介されて、ほかの氏子や90歳のおじいさんのお宅を訪ねて話を聞いたが、彼らも三峯神社ができた由来や、昭和35年に作られた碑を建立した事情を知らなかった。

三峯の隣に稲荷の祠があるが、それも昭和40年代と新しい。当時追加したものも多そうだ。というのも、20年ほど前まではヨシズ作りが盛んで、この神社は潤っていたという。だからいろんな神社を勧請できたのではないか、その中に三峯神社もあったのではないかという話になった。

『藤岡町史』や伊右衛門の末裔に当たる加藤伊一家文書の「村社雷電宮勧請の覚」にも三峯神社の記載がなく、氏子たちの推測を後押しする。

この地でのヨシズ作りが大きな産業になったのは、谷中村が廃村になってからだ。人が住まなくなった土地に土砂が堆積し、ヨシが自生するようになった。そして関東大震災で被災した家屋のために需要が高まって生産が急増した。

ヨシズ生産とお犬さまが関係していたかもしれないという話は新鮮だ。単に信仰心だけではなく、経済的な余裕があるからこそ像や碑が作られたケースもあるのだろう。そしてこの想像は、なぜ首都圏に狼像が多いのか、という理由にもつながるような気がする。本当に貧しかったら、狼像を作る余裕さえないかもしれないからだ。

90歳のおじいさんは氏子の最長老なので、彼が知らないとなったら、もう知っている人はないだろうとのこと。60年という歳月は、人の記憶を薄めさせてしまう長さなのだなぁとあらためて思う。

茨城県と千葉県の狼像

霞ヶ浦は茨城県南東部に位置し、日本では琵琶湖の次に大きい湖だ。この周りにも複数の三峯神社が鎮座する。

茨城県美浦村　三峯神社

霞ヶ浦の南岸、美浦村の三峯神社へ向かった。グーグルマップにも載っていて、馬見山という霞ヶ浦南岸にある小高い山の麓の集落に鎮座する。神社はどこだろうと集落内を歩き始めたら、おばさんが現れたので、三峯神社の場所を尋ねてみると、詳しい人がいるとのことで、ある家まで連れていってくれた。そして、庭掃除をしていたおばあさんを紹介してくれて、彼女から興味深い話を伺うことができた。

この馬見山集落には今も三峯講があるそうだ。10月15日(に近い日曜日)に集まりがあって、三峯神社の掃除をしたり、注連縄をかけたりしている。神主さんに頼んで祝詞をあげてもらい会食をする。

脇障子に施された狼像の浮き彫り

馬見山集落の山の中腹に鎮座する三峯神社

馬見山集落と水田地帯

「三峯神社の狼の姿が入ったお札は見たことないですか？」と聞くと、おばあさんは、「火伏の神さまでしょ。だからお札は、台所に貼っていました。今はもうやってないですが」とのこと。

「でもね、ここの三峯様は、火事で焼けちゃったから」という。

昭和48年ころ、南風が強かった日、隣集落の家から火が出て3軒を焼き、馬見山集落の裏山に達し、茅葺き屋根だった三峯神社も焼けた。火はその後公民館のところまで来たが、かろうじて雨どいが焦げる程度で済んだ。集落には藁小屋もあったが、これも無事だった。結局、馬見山集落の建物は、三峯神社を除いて一軒も焼けなかったという。

「三峯様、自分の身焼いて、犠牲になってくれて、みんなを助けてくれたんではないかなと。山にはゴルフ場ができて、その売ったお金もあったので、三峯様に感謝するために、りっぱなお社を建て替えようということになったんです。近くにも三峯様があるけど、こんなにりっぱなものではないなぁ」

それじゃあ神社へ行ってみますといっておばあさん

行方市芹沢の三峯神社の狼像は、耳はかわいらしいが牙が怖い

と別れた。一の鳥居があり、山へと階段が続いている。30段ほど上ると、かつては木像の鳥居が立っていたという穴が開いていて、そこから公民館の屋根と、集落の様子、周辺の水田が見える。緩い坂を奥へ進むと社殿があった。

社殿の扁額、賽銭箱、石灯籠にも三峯神社と書いてある。

お犬さまは社殿の左右の脇障子にあった。上には雲がたなびき木が2本立っている中にたたずむお犬さまの姿の浮き彫りだ。お互い、社殿のほうに向かって横向きで彫られている。

写真を撮っていると、先ほどのおばあさんも上ってきて、「こっちのほうから火が上ってきた。大南風だったから」といって藪を指さした。「昔の社殿は茅葺きだったんでしょうけど、大きさは同じくらいだったんですか?」「これほど高くはなかったけどね。鈴も火事で焼け残ったんではなかったかな。お社は地元の大工さんに作ってもらった」

山も集落の持ち物で、結束力が強く、何かやろうとするときはみんなですぐやれるという。集落にある神

行方市芹沢の三峯神社の「あ・うん」の狼像と社殿

社が大きくはなくても、よく管理されているなぁというところは、結局は村のコミュニティーがしっかり生きているということなのかもしれない。三峯神社は、そのコミュニティーの要になっている。馬見山集落だけではなく、それが今日的三峯神社の存在意義なのかもしれない。

行方市　三峯神社

霞ヶ浦を左手に見て北上し、行方(なめがた)市芹沢の三峯神社へ行った。神社は県道50号線に面していて、けっこう交通量が多い。

鳥居を入ると、すぐに「三峯神社　玉造講社創立五十周年」の記念碑が立っている。その碑の「当地方三峯信仰の起源」によると、

「嘉永の頃芹沢村の住民孫助という者　深夜夢の中に現れた犬の吠声に目を覚ますと　驚いたことに居宅の一角より出火今将に燃え上がろうとしている処を発見　直ちに消し止め大事に至らず家事を未然に防ぐことが出来た　この人は夢の中に現れたのは三峯神社の御眷属お犬様で三峯様の御加護によるものと深く信じ　其の後遥々三峯山に登りお礼参りをしたのがこの地方の三峯信仰の始まりと伝えられている」

犬（狼）が、火事をいち早く発見して、人を助けたという話は各地にある。また盗賊が店や蔵に侵入したときも騒いで知らせるなど、その敏感な感覚から、火防・盗賊除けの守り神となった。

銚子市松岸町の三峯神社には6体の狼像が並ぶ

お犬さまの体つきは、秩父三峯神社の筋肉質のお犬さまと似ているが、耳が違っているようだ。耳が立ってはいるが、先端が前に曲がっているので、犬っぽいのだ。やけにかわいらしく見える。こんな犬種いたなぁ。孫助の夢に出てきたのが「犬」だったからだろうか。

かわいらしいが、同時に怖さも表現している。左側の「うん」像は牙がすごい。

千葉県銚子市松岸町　三峯神社

利根川を下った河口の街、銚子市はまた「犬吠埼」や「犬岩」など、犬に縁がある街でもある。

松岸町の三峯神社は、国道356号線から60メートルほど住宅街に入った角に鎮座する。

境内は10数メートル四方ほどのこぢんまりした神社だが、神域にふさわしい静けさが漂っている。ときどき風が吹き抜けていき、木の葉を揺らす。

石祠が祀られている台座の碑文によると、安政6年（1859年）に火災予防・盗難除け・諸災除けとして勧請され、明治14年再建されているようだ。そしてまた社の損傷が進んだので、昭和55年に再々建された。

お犬さまは三対ある。外側になるにしたがって、像は新しいものにな

年代順に並んだ狼像。右のほうが古い

狼像は初代と2代目の石工・銚常作

義経の愛犬・若丸が吠えた伝説の残る犬吠埼

っている。

一番外側は昭和53年、真ん中が昭和39年、そして一番内側の像の台座は壊れていて、文字は見えなくなっている。

3代のお犬さまが並んでいるのは珍しい。時代によって姿の変遷がわかる資料としても貴重なものではないだろうか。時代とともに、よりリアルな狼の姿に変化しているように思う。

銚子市高神西町　三峯神社

銚子の高神西町の三峯神社を再び探した。2年前、結局見つからなかった神社のお犬さまだ。

今回は、もう一度ちゃんと調べ直し、グーグルマップにも載っているのを確かめて、スマホ片手に歩いていった。細い集落の通りから、キャベツ畑へ向かうさらに細い農道を行くと、こんもりした藪があって、それを回り込むと墓地に出た。スマホが示す三峯神社の真上に私は立っている。なのに、お犬さまも三峯神社らしい祠も見当たらない。墓石だけだ。なぜ?

それで集落に引き返し、50歳くらいの奥さんを見つけたので尋ねたら、「昔はよく三峯、三峯と聞いていましたが、今もあるんですかね、私はよくわかりません」といって、近所のわかりそうな人を紹介してくれた。70歳くらいのおじさんで、「三峯神社は、お墓のところですか?」と聞くと、「あるよ。だけど入れない」とのこと。

藪の中で「発見」した銚子市高神西町の三峯神社の祠

「三峯神社には狼像も……」といいかけると「ある」と即答した。「ただ、藪が多くて今は入れなくなってる」という。そうか、諦めるしかないかなと思ったら、そのおじさん、連れていってくれるそうで、墓地の奥から藪に入り出した。

もう完全なジャングルだ。「どのくらいの距離ですか?」と私は多少ビビりながら聞いたが、おじさんはそれには答えず、木の枝を素手で折りながら掻き分けていく。足場は草でまったく見えない。倒れた木の幹をまたいで6メートルほど進んだ。本当はもっと短い距離だったのかもしれないが、私には長く感じられた。おじさんは「見つからないなぁ」という。

それでも藪を掻き分けて進むと「あった!」といった。先を見たら、高さ2メートルほどの祠が見えた。壊れかけていたが、これが三峯神社の祠だ。そしてさらに2メートルほど行くと、左右にお犬さま像があった。まるで地元民に案内されてアンコールワットを再発見したフランス人、アンリ・ムーオの気分だ。スケールは全然違うが。

おじさんは、どうしても私にお犬さまを見せたかっ

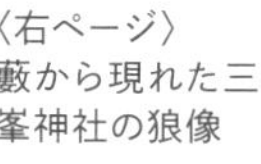
〈右ページ〉
藪から現れた三峯神社の狼像

人知れず狼像が自然に還ってゆく

たようで、これは地元民の意地なのだろう。

東日本大震災のときに鳥居が壊れてしまい、それ以来、だれもお参りしなくなって、そのまま藪に隠れていったのだという。カーナビにもグーグルマップにも「三峯神社」と書いてあることは彼らも知っている。しかし、これでは部外者は探せないだろう。

アンコールワットの場合は、再発見がきっかけになって、その後世界遺産になるほど有名になるわけだが、私のこの本がベストセラーになったとしても、この三峯神社が復活することはないかもしれない。

しかし、これも一時代の三峯神社の役目は終わったということで、杜に還っていくのを静かに見守りたいと思う。

柏市　三峯神社

つくばエクスプレスの柏たなか駅から直線距離で約1・2キロ、常磐自動車道の近く、柏市船戸にある三峯神社は、不動堂の裏の高くなったところに鎮座する。不動堂の向かいには、江戸時代、船戸代官屋敷があった。

お犬さま像は、二対あり、平成11年に奉納された鳥居前の像は、秩父の三峯神社や釜山神社の像を思わせるような筋肉質のお犬さま像だ。

鳥居をくぐり坂を上っていくと、祠の前にもお犬さま像が守っている。

柏市船戸の三峯神社の鳥居と狼像

鳥居前の狼像は秩父の三峯神社の像によく似ている

こちらはちょっと上向き加減で吠えそうな、また違ったタイプのお犬さま像だ。牙の表現が面白い。

祠脇に立っていた「船戸村の由緒」には、

「（略）無病息災を願い、講中を組織し、神佛を信仰して参りました。その神佛の一つとして、秩父郡大滝村にある三峯神社を信仰し、ここにお社を建て、昭和二十八年まで代参を続けて参りました。しかし、時代が変わるにつれお社は荒れ放題、見る影もない状態となってしまいましたが、昨年神社役員の奉仕に依り、旧社を取り除きました。私たちは、先祖が残してくれた船戸の歴史遺産を、後の人々に受け継ぎ伝えることが使命かと思い、再建委員会を作り、再建することを決議いたしました。（略）平成十一年十月」

とある。鳥居前のお犬さま像も、これと同じときに建てられたようだ。

印西市　鳥見神社　三峯神社

北総鉄道の千葉ニュータウン中央駅の北東、3キロほどのところに鎮座する鳥見神社は、こんもりとした

今しがた獲物を食べたばかりのような舌

鳥居前のとはまた違ったタイプの狼像が祠を守る

鳥見神社内、自然になじむ苔むした三峯神社の狼像

狼像は垂れ耳、太眉で親しみが持てる姿

杜に囲まれた三峯神社の祠

杜の中にある。

鳥見神社の解説看板によると、「いなざきの獅子舞」が毎年秋分の日の秋祭りに奉納されているそうだが、これは印西(いんざい)市指定無形民俗文化財になっている。「いなざき」とは「稲先」のことで、稲の収穫を前にして豊作を感謝する意味があるという。また、舞の各所で演じられる道化の所作には、稲の豊作にからめて、子孫繁栄を祈る気持ちが込められているとのこと。

鳥見神社には、ほかに琴平神社・三嶋神社・足尾神社などの境内社や出羽三山塔などの石碑がたくさん並んでいる。

天満神社の奥に石祠があり、三峯神社のお札が祀られている。その両側で、あばら骨の表現がしっかりされている一対のお犬さまが守っている。垂れた耳で眉が太いので、どこかユーモラスな表情でもある。親しみの持てる姿だ。

木々の間から見える苔むしたお犬さま像。風雨にさらされることで自然になじみ、まるで本物のお犬さまがそこにいるような存在感だ。たしかに、この杜の守り神である。

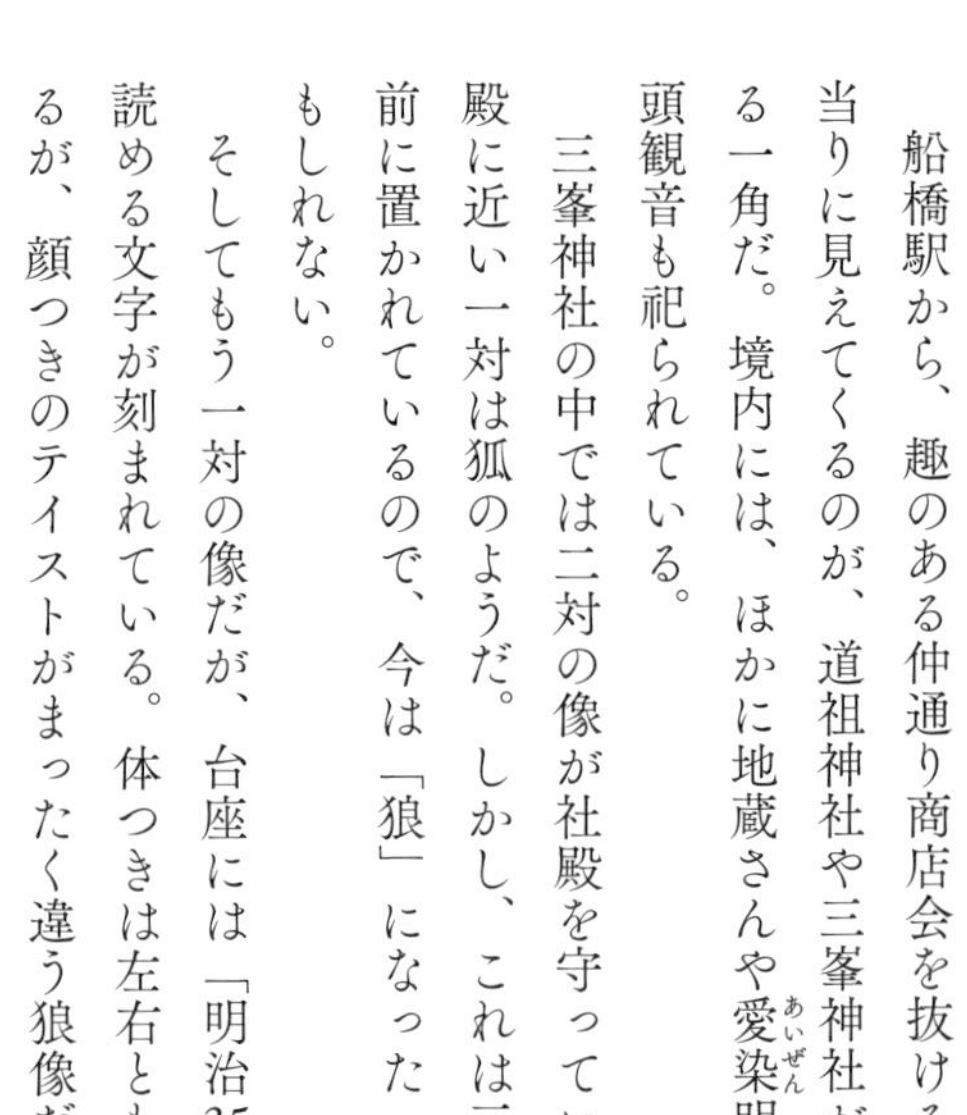

船橋の三峯神社の境内

船橋市　三峯神社

船橋駅から、趣のある仲通り商店会を抜けると突き当りに見えてくるのが、道祖神社や三峯神社が鎮座する一角だ。境内には、ほかに地蔵さんや愛染（あいぜん）明王や馬頭観音も祀られている。

三峯神社の中では二対の像が社殿を守っている。社殿に近い一対は狐のようだ。しかし、これは三峯神社前に置かれているので、今は「狼」になった「狐」かもしれない。

そしてもう一対の像だが、台座には「明治35年」と読める文字が刻まれている。体つきは左右とも似ているが、顔つきのテイストがまったく違う狼像だ。違う石工が造ったのではないか、あるいは時代が違うのではないかと思わせる。実際、左の像の首から上は、付け替えられたような跡も見える。石材の劣化度も違う。

詳しいことを知っている人はいないだろうかと思い、近所で聞き込みをしたら、ある70代くらいの住民は、「昔は講中があって、お参りにも行ったことがありま

狼像のユニークな顔。もう一方の狼像とは対照的

三峯神社社殿の木鼻に施された狼像

したが、今は聞かないなぁ。昔は、通りの角に牛乳屋があって、そこの主人が講元を務めていましたが、亡くなってしまったので、詳しいことはもうわかりませんね」という。

ところで、これはネット情報だが、社殿の木鼻が、狼像らしい。いわれて見れば、木鼻の左右に上半身が飛び出した、牙が表現された狼像らしきものが。木鼻に狼像は珍しい。

浦安市　豊受神社　三峯神社

浦安市の豊受神社を参拝した。境内の樹齢400年のイチョウの大きな木が今にも倒れそうで、その保存のためだろうか、職人たちが作業中だった。

社殿の左側には、富士浅間神社、富士塚がある。頂上に祠が載っているが、上ることはできない。

その先に進むと、突き当りに三峯神社があった。以前、ネットで見たとき、ここのお犬さまは金網に囲まれていたが、今は、金網が撤去されてより間近で見ることができるようになって、親近感も増したようだ。

お犬さまは、古びた感じだが、昭和45年5月奉納の像だ。お犬さま像としては、比較的新しい時代のものだけあって、形はリアルだが、あばらや牙の表現は見当たらず、穏やかな表情で、どちらかというと犬のよ

豊受神社内の三峯神社の優しい雰囲気の狼像

うに見える。癒しのお犬さまだ。社務所で尋ねたところ、「かわいいと評判です。狐さんと間違う人もいますね」とのこと。

そういえば、時代とともにお犬さまに対する願意が変化してきたことを何度か書いているが、お犬さま像の形そのものも変わっている。概して、像の形は、時代が新しくなるとともにリアルな表現になっていることと、近年ではそこに「かわいらしさ」が加味されていると感じるものもある。

もちろん、昔のお犬さまにもかわいい像はある。しかし、その時代に「かわいらしさ」を意識していたかどうかはわからない。たまたま、現代人がそういう価値観で見るからそう見えるということもあるのだろう。

岐阜県のある神社に平成28年に奉納された安産犬は、耳などの角が出っ張っていない丸みを帯びた犬像だったが、その一番の理由が、子供が触ってケガしないようにというものだった。お犬さまの形自体も、時代を映しているとはいえそうだ。

山の神の狼像

狼像の中で、三峯神社や御嶽神社の御眷属としてのお犬さま像とは別系統の狼像に出会うことがある。それが山の神を守っている狼像たちだ。

そもそも「山の神」とはどういったものなのだろうか。

自分の妻のことを「うちの、かみさん」と呼ぶ人がいる。「かみさん」は「山の神」のことだ。もっと直接的に「山の神」と呼ぶ人もいる。

春には山の神が里に下りて田の神となり、秋の収穫後に、ふたたび山へ帰るという交代説はよく聞く話だが、これは里人にとっての山の神観念であるらしい。

大護八郎著『山の神の像と祭り』にも「人類の信仰の発達史からいえば、山の神こその原初のもの」とある。山の神に対する信仰は、山自体をご神体に感じていたという。

ネリー・ナウマン著『山の神』では、熊野の山詞(やまことば)では狼そのものを「山の神」と呼んだり、中部地方の山地では、「山の主(あるじ)」と呼ぶことを紹介している。また、鎌倉時代に狼を山の神とする伝承があった。

山の神の石碑や祠に出会ったとき、運が良ければ、そこに狼像が伴う。山の神は豊穣の

木の鳥居は神域の入口

神、お産の神でもあった。狼や犬の多産・安産のイメージとも相まって、山の神と狼との親和性が生まれたとの指摘もある。だから、山の神を守っている狼像を見ることも多い。

ただ山の神自体の像の多くは、仏教伝来以降、仏像などの影響を受けて造られるようになったらしい。だから、地方によって、山の神の像は千差万別だ。男の神像だったり、女の神像だったり、男女の神像だったりする。

山で失くしものをしたときは、山の神の前で、オチンチンを見せると、失くしたものが見つかる、などという話もあった。また、マタギは、山の神にオコゼの干物をお供えしたというのがあり、これも、山の神が「自分よりも醜いものがある」と喜ぶからだそうだ。

とにかく、山の神を怒らせない、喜ばせることが山仕事では大切で、そうしないと獲物も得られないし、命の危険さえあると信じられている。

山梨県韮崎市　山神社

山梨県韮崎(にらさき)市、上今井の山神社を参拝した。

道路からいきなりの急な階段が続いている。30段ほどの危なっかしい石段を上りきると、神楽殿や社務所などがあり、さらに奥に進むと、すごい鳥居が見えてきた。

少しユーモラスな独特の姿をした狼像

原初の鳥居といったらいいのだろうか。半分朽ちかけて、木の年輪がむき出しになった木製の鳥居だ。これだけでもここを参拝したかいがあったというものだ。異界への入口にふさわしい。とくに「なるがまま」の状態が好きなので、これはすばらしい。

そして一番奥には、御腰掛という四角い構造物があった。真ん中に木が立っている。山の神の依り代のようだ。

もともと神社には社殿がなかった、社殿のない神社が本来の形式と考えられているので、これもまた原初の神社を見るようだ。「御腰掛」という名前にもその名残りを感じる。神様が腰掛けるという意味なのだろうか。とすると、ずっとそこにいるわけではないということになる。いつかはお発ちになる。だから仮の場所（半永久的な建物ではない）なのだろう。

前記の『山の神』の「山の神の住まいとしての木」には、

「青森から鹿児島におよぶ本土全域において、山の神が特定の木に降りると信じられている。こうした木はときに山の神の宿り木、あるいは休み木、腰掛木、遊び木などと呼ばれる」

とある。

目的の石像は、「文化十年酉四月吉日」との銘があった。山神社に奉納されているので、山の神の眷属、狼なのだろう。先日参拝した韮崎市小田川の柳原神社の像と似ていて、同じ石工の作かもしれない。

御腰掛は大きな神様が座る椅子だという

眉毛の渦巻き

体に沿った渦巻き

とぼけた顔は味があるが、造形的には洗練されたものを感じる。肩から尻にかけては渦巻き模様の鬣（たてがみ）（あるいは毛並み）が表現されている。そして渦巻きの太眉も珍しいし、尻尾の造形がまた独特ですばらしいものだ。

御腰掛の横には鉄製の剣が奉納されている。「〇山津〇神」（大山津見神）とある。神話の世界では、大山津見神（大山祇神）は、イザナギとイザナミの間に生まれた大いなる山の神、自然神だ。（『古事記』）

東京都檜原村　大群の山の神

東京の奥多摩には、数多くの山の神の眷属である狼と思われる狼像が点在し、前著でも紹介したが、まだまだある。しかしこの奥多摩の狼像探しには、山の素人である私単独では遭難の恐れもあり、今回の本の編集者は山に慣れた人だったので、同行してもらうことになった。実際、道もわかりにくく、山を甘く見ないほうがいいとわかった。

大群の山の神を守る二対の狼像

東京都檜原村の神戸集落を抜けた神戸岩の駐車場に車を停めて、大群の山の神を目指して歩き始めた。

山道に入るといきなりの急坂で、延々と登りが続く。「これほどきつい登りは久しぶりだな」と編集者に弱音を吐きながら、それでも狼像に会いたくて頑張った。1時間半ほどひたすら上って、木々の間から社殿の屋根が見えたときには、「着いたーッ！」と思わず叫んでしまった。

幹が空洞になった巨木の前に鎮座する社殿には大山祇神が祀られ、「大群ノ山ノ神　中尾根980m」の札が掛かっていた。息切れしながらもお参りしたあと、すぐに写真を撮り始めたが、社殿の手前で二対の狼像が守っていた。

手前の狼像は「はじめ狛犬」といわれるような素朴な姿の狼像。その後ろの大正6年奉納の像は、おそらく雌雄の狼らしい。左側がお父さん、右側がお母さんに見える。どちらも腹のところで子供を抱えた像なのだが、細工が細かくすばらしい。

木の間から差し込む日の光は、時間と共に移っていき、狼像の顔を照らす。狼像が「生きている」姿を撮

台座に大正６年の銘がある親子の狼像

標高が1000メートル近くあり、3月の風は冷たい

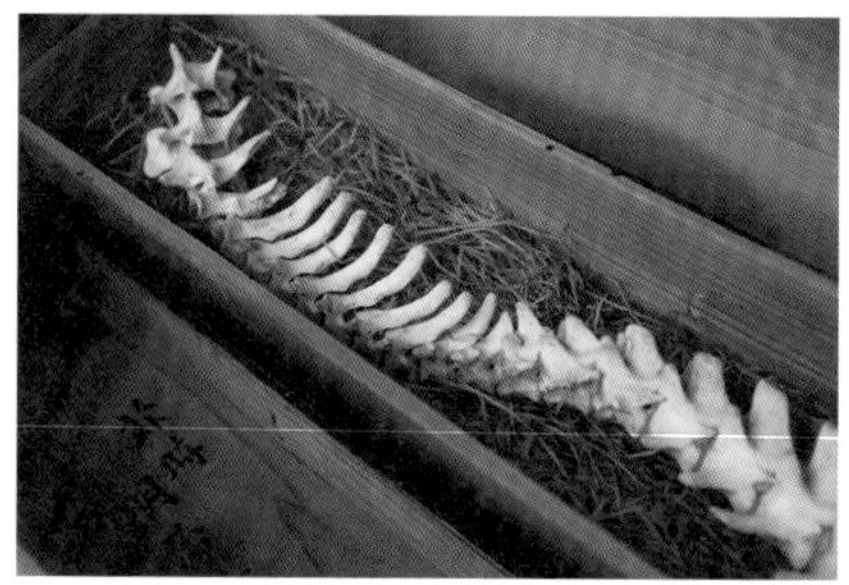
檜原村郷土資料館のニホンオオカミとされる背骨

巨木の前に鎮座する大群の山の神

ることが自分なりの狼信仰（＝自然への感謝）だという思いもあるので、その瞬間を捕らえてシャッターを押した。

箒（ほうき）が置いてあるのを見て、管理がしっかりされているのを感じた。あとで檜原村郷土資料館で尋ねてみたら、この山の神は神戸集落の人が管理しているということだった。

それと資料館の展示物には、地元で長年「蛇骨」として保管されていたという骨があったが、ニホンオオカミの権威で古生物学者の直良信夫氏が一見して狼の背骨だと見抜き、絶滅が伝えられているニホンオオカミの遺骨であるとの鑑定書を書いている。

青梅市　軍畑の山の神

JR青梅線の軍畑（いくさばた）駅から徒歩5分の山裾に大山祇神を祀った山の神が鎮座する。民家を過ぎて山道にさしかかると、5メートルほど高い位置にこの祠があり、両側に狼像が控えている。高さは30センチくらいの像だが、静かな山の中で威厳を保っている。

軍畑の集落を見守っているような山の神の狼像

奥多摩町　十二天山の神・山ビコ尾根の山の神

奥多摩町にも、多摩川を挟んで、北側の十二天山の神と、南側のヤマビコ尾根の山の神がある。

林道を歩き、終点から尾根を20メートルほど伝って行くと、十二天山の神の祠があった。北側は断崖絶壁になっていて、尾根の突端に鎮座することがわかった。

祠の手前には、熊か猪用の罠があった。昔は害獣除けとして狼が活躍したが、今は、この罠に変わっているということか。

山ビコ尾根は、中腹まで続いていた林道を車で行き、そこから尾根を上り始めた。地元の猟師や林業関係者が来るくらいで登山客もほとんどないような尾根をほぼ直登した。道が分かりにくいので、編集者は地図とコンパスで確認していた。

山ビコ尾根の上りは20分と短かったが、大群と同じように運動不足の私には大変な山登りだった。

ようやく到着すると、2つの石祠と狼像も見えた。背後に巨木がそびえていた。ネリー・ナウマンがいう「山の神の宿り木」なのだろうか。

狼像に出会えた達成感は何ともいえない。狼の形は十二天山の神のものと似ていて、いわゆる「はじめ狛犬」のような素朴な造形だが、もし

十二天山の神の社殿の裏側が断崖絶壁となっている

かしたら同じ石工の作かもしれない。

右の石祠は大正7年、左は平成11年に奉納されたもの。けっこう新しい祠だし、周りも藪が刈られていたりして打ち捨てられたといった印象ではない。だれかきちんと管理しているのではないだろうか。どんな思いでこの祠を守っているのか知りたくなった。

それでダメ元で、多摩川の近くまで下りて、近くの集落を訪ねた。すると、ちょうど80歳くらいのおじいさんが表にいたので、声をかけた。町から来た詐欺師とでも思われたのか、初めはいぶかしげな表情をしていたが、私たちが山の神の祠を参拝し、戻ってきたことを知ると、いろいろと話をしてくれた。おじいさんに祠まで行ったことがあるかと聞いたら、「行ったかって？　なんも、だってここは俺の猟場だから、このへんの山のことならなんでも聞いてくれ」。

なんとおじいさんは現役の猟師で、今でも山に入ったときは山の神にお参りしているのだという。

大正7年の右側の祠は、山の地主が祀ったもの、左側の新しい祠は、山仕事をする人が「怪我もなく、ありがとう」という意味で山の神を祀ったという。

十二天山の神を守る一対の狼像も素朴な造形だ

〈右ページ〉
巨木の下に鎮座する
山びこ尾根の山の神

優しそうに見えるが、これも山の神の眷属の狼像

また、おじいさんは祠の前の像を「狼」と認識していた。いわゆる普通の「狛犬」とは区別して話をした。先祖代々、これは「狼」だと伝えられてきたのだろう。

おじいさんから狼像の話を聞いていると、渋谷や新宿の狼像との対比のすごさでめまいがしてきそうだった。ここが同じ東京なのだろうか？

太古の時代から、人間は山に生きる獣や鳥を狩り、山に生える草や木の実を採り、流れる水を命の糧に生きてきた。そこから山に対する感謝が生まれ、信仰になっていった。

町田宗鳳著『山の霊力』には「人間がこれらの動物の肉を口にするとき、それは山という巨大な動物の分身の肉にはかならなかった。古代人の眼には、山は決して無機質な物体ではなく、切れば真っ赤な血が吹きでるほど、肉感をそなえていたのではないか。それは、人間と山が同じ〈いのち〉で繋がる生き物だという感覚でもある」とある。

山の獣の王者であった狼が山の神を守る神使になったというのも、自然な成り行きだったのだろう。

どんなかわいらしい狼像にも感じるある種の緊張感は、それなりの危険を冒さなければ、自然の中では獲物は得られない、あるいは、命あるものを獲物として得るためには、こちらも命をかける必要があるということの意識的・無意識的な、山に生きる人たちの気持ちの表れなのかもしれない。

関東地方＋山梨県

訪問した狼像・全リスト

全国の狼信仰を調べていくうちに、狼像が多く残っている地域のひとつは、意外にも関東地方であることがわかった。江戸時代から明治時代にかけて、関東を中心に、秩父市の三峯神社と青梅市の武蔵御嶽神社を信仰する集団「三峯講」や「御嶽講」が組織され、多くの信者が参拝したが、それに伴って各地に三峯や御嶽の小社や祠が勧請されたのだ。

ちなみに、『埼玉県史』掲載の昭和15年の調査によれば、三峯講は、長野1410、埼玉914、千葉636、茨城550、群馬540、栃木393、東京182、山梨155、静岡66講社あった。

一方御嶽講は、明治期の「各県講社台帳」によると、埼玉1368、東京909、神奈川769、茨城159、山梨97、千葉61、栃木33、静岡32、群馬31、その他26講社あった。

このように関東地方には三峯講と御嶽講が多く、その小社や祠に狼像が置かれたのが、今も多くの狼像を見られる理由のひとつなのだ。そのほか、山間部には山の神の眷属として狼像が守っている神社も多い。

なお、このリストの像は、私がここ数年間で実際に確認したものだけで、ほかにもある。そして中には、由来がわからないものや、狼？犬？狐？狛犬？と、あいまいな像も含まれていることを了承願いたい。

東京都

神社名	境内社	写真	所在地
稲荷鬼王神社			新宿区歌舞伎町2丁目
小野照崎神社	御嶽神社・三峯神社	1	台東区下谷2丁目
下谷三峯神社			台東区下谷1丁目
目黒不動尊			目黒区下目黒3丁目
北嶺御嶽神社		2	大田区北嶺町
多摩川浅間神社	三峯神社・小御嶽神社		大田区田園調布1丁目
砧三峯神社			世田谷区砧4丁目
宮益御嶽神社			渋谷区渋谷1丁目
代々木八幡宮	出世稲荷	3	渋谷区代々木5丁目
沼袋氷川神社	御嶽神社	4	中野区沼袋1丁目
象頭山吉祥院	御嶽山神社		杉並区高井戸西1丁目
大山神社		5	杉並区方南2丁目
宿町御嶽神社		6	杉並区桃井4丁目
白山神社	三峯神社	7	杉並区上荻1丁目
御嶽神社		8	豊島区千早1丁目
三河島三峯神社		9	荒川区荒川3丁目
桜川御嶽神社			板橋区桜川1丁目
天祖神社	御嶽神社	10	板橋区西台2丁目
土支田八幡宮	御嶽神社		練馬区土支田4丁目
八坂神社	御嶽神社	11	練馬区大泉町1丁目
北野神社	御嶽神社		練馬区谷原6丁目

名称	所在地
豊玉氷川神社　三峯神社	練馬区豊玉南2丁目
上谷中稲荷神社　三峯社 12	足立区谷中4丁目
千住神社　三峯神社	足立区千住宮元町
六町神社 13	足立区六町1丁目
三峯神社	武蔵野市中町3丁目
牟礼御嶽神社	三鷹市牟礼3丁目
西牟礼御嶽神社	三鷹市牟礼6丁目
東牟礼御嶽神社	三鷹市牟礼1丁目
白髭神社　三峯神社 14	青梅市小曾木2丁目
愛染院安楽院（軍荼利明王堂） 15	青梅市成木1丁目
高水山山頂 16	青梅市成木7丁目（高水山）
武蔵御嶽神社	青梅市御岳山
軍畑の山の神	青梅市沢井
百草八幡神社 17	日野市百草
大岱稲荷神社　三峯御嶽合社 18	東村山市恩多町3丁目
瓜生御嶽神社 19	多摩市永山2丁目
小和田御嶽神社 20	あきる野市小和田
正勝神社　大口真神社	あきる野市菅生
山ビコ尾根	奥多摩町境
十二天山の神	奥多摩町氷川
大嶽神社 21	檜原村字大嶽
大嶽神社（里宮）	檜原村三都郷

神社名	所在地
臼杵神社 22	檜原村下元郷（臼杵山）
鑾野（すずの）御前神社 23	檜原村小沢字湯久保
貴布禰（きふね）神社 24	檜原村樋里
大群の山の神	檜原村神戸

埼玉県

神社名	所在地
西堀氷川神社　三峯神社	さいたま市桜区西堀8丁目
神明社　三峯神社	さいたま市南区根岸
三峯神社	さいたま市岩槻区本町4丁目
川越氷川神社　三峯神社	川越市宮下町2丁目
御嶽神社 25	川口市芝樋ノ爪2丁目
三峯神社	秩父市三峰
三峯神社（奥宮）	秩父市三峯（妙法ヶ岳）
吉田椋神社 26	秩父市下吉田
城峯神社 27	秩父市吉田石間
若御子神社 28	秩父市荒川上田野
猪狩神社 29	秩父市荒川贄川
柊木神社 30	秩父市荒川贄川
両面神社 31	秩父市大滝
武蔵野坐令和神社	所沢市東所沢和田
三峯神社 32	加須市北下新井
氷川神社 33	鴻巣市滝馬室

神社名	所在地
橘神社	上尾市平方
羽根倉浅間神社　御嶽社 34	志木市上宗岡4丁目
武甲山御嶽神社	横瀬町横瀬（武甲山）
武甲山御嶽神社（一の鳥居）	横瀬町横瀬
蓑山神社 35	皆野町皆野
野巻椋神社 36	皆野町野巻山中
宝登山神社（奥宮） 37	長瀞町長瀞
武野上神社 38	長瀞町本野上
岩根神社 39	長瀞町井戸
両神御嶽神社 40	小鹿野町両神薄
両神神社（里宮） 41	小鹿野町両神薄
八日見山龍頭神社 42	小鹿野町河原沢
木魂（きむすび）神社 43	小鹿野町下小鹿野
城峯神社 44	神川町矢納
丹生神社	神川町上阿久原
釜山神社 45	寄居町風布

千葉県

神社名	所在地
三峯神社	千葉市中央区千葉寺町
三峯神社 46	千葉市花見川区検見川町3丁目
三峯神社	千葉市花見川区長作町
三峯神社 47	千葉市緑区小山町

神社名	所在地
三峯神社	銚子市松岸町3丁目
三峯神社	銚子市柴崎町1丁目
三峯神社 48	銚子市清水町
三峯神社	銚子市高神西町
道祖神社 三峰神社	船橋市本町4丁目
秋葉神社 49	船橋市高根町
日枝神社 三峯神社 50	野田市東宝珠花
高産霊（たかむすび）神社	佐倉市生谷
日月神社 三峯神社 51	旭市足川
三峯神社 52	旭市飯岡
三峯神社	柏市船戸
豊受神社 三峯神社	浦安市猫実3丁目
三峯神社 53	袖ケ浦市蔵波
泉王寺	印西市泉
鳥見神社 三峯神社	印西市和泉
八幡神社 三峯神社	香取市森戸

神奈川県

神社名	所在地
冨塚八幡宮 御嶽神社 54	横浜市戸塚区戸塚町
橋樹神社	川崎市高津区子母口
九郎明神社 55	川崎市麻生区古沢
三峯神社 56	三浦市南下浦町

神社	所在地
御嶽神社 57	厚木市上荻野
白旗神社	山北町谷ケ
貴船神社	真鶴町真鶴

茨城県

神社	所在地
雀神社　三峯神社	古河市宮前町
八坂神社　三峯神社 58	取手市東1丁目
三峯神社 59	龍ケ崎市佐貫町
三峰神社 60	ひたちなか市平磯町
三峯神社 61	筑西市甲
三峯神社 62	稲敷市上之島
三峯神社	行方市芹沢
三峯神社	美浦村馬見山

栃木県

神社	所在地
高龗(たかお)神社 63	宇都宮市大網町
高龗神社	宇都宮市西刑部町
高龗神社	宇都宮市立伏町
朝日森天満宮　三峯神社	佐野市天神町
白蛇辯財天　三峯神社 64	真岡市久下田西2丁目
大田原神社　三峯神社	大田原市南金丸
小太郎ヶ渕 65	那須塩原市塩原

高靇神社	さくら市上阿久津上町
雷電神社　三峯神社	野木町野木
大宮神社 66	塩谷町大宮

群馬県

雷神嶽神社	桐生市梅田町3丁目（鳴神山）
琴平神社	藤岡市三波川
湯原神社　三峯神社	みなかみ町湯原

山梨県

三峯神社	富士吉田市小明見
山神社	韮崎市穂坂町上今井
神明山法泉院 67	韮崎市穂坂町宮久保
柳原神社 68	韮崎市小田川
刈穂稲荷神社　三峯神社 69	南アルプス市吉田
平岡諏訪神社 70	南アルプス市平岡
浄居寺	北杜市明野町
神部（かんべ）神社 71	北杜市須玉町小尾
七ツ石神社 72	丹波山村小袖（七ツ石山）

おわりに

新型コロナのパンデミックは収まるところをしりません。まさかこんな世界がやってくるとはだれが想像したでしょうか。

いや、私たちは感染症のリスクを忘れていただけなのです。喉元過ぎればなんとやらですね。江戸時代、明治時代には本文で触れたようにコレラが流行ったし、前回の東京オリンピック直前にも日本でコレラが発生していたそうです。近年のＳＡＲＳ、ＭＡＲＳ、エボラ出血熱など人類は感染症とずっと戦ってきたことを、ふたたび思い出したということです。

緊急事態宣言などもあり、日本中を旅するといった今までの生活を断念せざるを得ませんでした。ここ1年はほとんど関東内だけです。しかしそれを前向きに捉えて、近場のことをもっと知りたいと思うようにもなりました。関東内だけでもこれだけ多くの狼像があり、狼信仰が息づいていることをあらためて知ることにもなりました。

私は写真家で良かったとつくづく思います。というのは、「念写」でもしない限り、写真を撮るためには、必ず現場に行かなければならず、そして現場に行けば、そこの土地の物語を聞くことができるからです。狼像の背後には、狼信仰という奥が深い物語があるのですが、個別の狼像に関して関係者に聞いてみると、それぞれにまた違った物語があって、それを聞いてまわるのが楽しいのです。狼像も、その土地と切り離せない物語を持っています。狼像が「そこ」にある意味が私には大切なのです。狼像が存在することで、神社や杜を失うことを遅らせているケースもあるようです。

NHKの番組「ブラタモリ」（令和3年4月24日放送）に、武甲山の話が出てきました。武甲山の石灰岩を運び出すための秩父鉄道に資金援助したのが渋沢栄一だったそうです。渋沢は、日本の近代化のため、コンクリートの原料となる石灰岩に目を付けたということですね。

そこであらためて考えてみると、武甲山は、自分の身を削って日本の近代化に貢献したともいえます。その山頂近くに鎮座するのが武甲山御嶽神社です。

明治時代は、ニホンオオカミが絶滅した時でもあります。ニホンオオカミが神の使いから害獣へと人々の認識が変化していくことと、ご神体であった山がやがて削られるようになったことは、近代化の中では同じ流れだったのでしょう。

本書のカバーで使った写真は、武甲山御嶽神社、一の鳥居のところにいるお犬さまですが、このお犬さまは「通行の邪魔になるから」という理由で、産業道路から一の鳥居に移されました。

いってみれば、明治以降、狼信仰は近代化に飲み込まれてしまいました。でも、だからといって、狼信仰がなくなったわけではありませんでした。

お犬さまたちが、「三峯講」や「御嶽講」という舟に乗って、近代化という大波に押し流されながらも、静かに、したたかに、都会に浸透し、山を守っていたのと同じように、今度は、山の分身であるコンクリートでできたビル群を守っているようにも見えてきます。中には、お犬さま自身が、近代化の象徴ともいえるコンクリートに姿を変えてもいるのです。

一方、先日、東京のビル群の中に、祠だけ残されている小さな三峯神社を見つけたのですが、近くに掲げられていた「排泄行為厳禁」の看板を見て悲しくなってしまいました。これを見ると、かろうじて聖域を守っている戦士にさえ思えます。

時代によって、狼信仰は変わり続けています。現代の狼信仰も、人々の意識的・無意識的な要望・願望によってきっと生かされていくに違いありません。

最後に、この企画を本にしていただいた天夢人の勝峰富雄さん、編集を担当していただいた藤田晋也さん、お話を聞かせていただいた神社や狼像関係者のみなさん。そして狼信仰・狼像の情報を提供している次のホームページや書籍がなければ、この本は実現しなかったと思います。ここであらためてお礼を申しあげます。

oinuwolf「狼や犬の、お姿を見たり聞いたり探したりの訪問記」
http://oinuwolf.blog.fc2.com/
来福@参道「狼神話」https://cs368.xbit.jp/~w026087/special/wolf/index.html
フォルフ「わけあり獣宅」https://www4.hp-ez.com/hp/kemono/wolf-shrine1
松場正敏『お犬様の御札 ~狼・神狗・御眷属~』松勇堂　令和2年

令和3年4月

青柳健二

参考文献一覧

高橋敏『幕末狂乱(オルギー) コレラがやって来た!』朝日新聞社(朝日選書) 平成17年

国立公文書館ホームページ「天下大変 資料に見る江戸時代の災害」http://www.archives.go.jp/exhibition/digital/tenkataihen/

鹿沼市史編さん委員会『鹿沼市史』鹿沼市 昭和43年

ミシェル・パストゥロー(蔵持不三也訳)『ヨーロッパから見た狼の文化史』原書房 令和元年

片柳茂生「あら! こんな御札ありました?」(武蔵御嶽神社「武州みたけ」第56号) 令和3年

靭矢嘉史「幕末のコレラ流行と御嶽山御師」(武蔵御嶽神社「武州みたけ」第55号) 令和2年

金櫻神社ホームページ https://kanazakura-shrin.webnode.jp/

甲府市ホームページ「甲府歴史ものがたり外伝」https://www.city.kofu.yamanashi.jp/rekishi_bunkazai/moncgatarigaiden/

「山梨日日新聞」令和2年3月30日

立川昭二「病気・治療・健康」(新谷尚紀・波平恵美子・湯川洋司編『暮らしの中の民俗学3 一生』) 平成15年 吉川弘文館

植月学「甲州周辺における狼信仰 笛吹市御坂町に伝わるニホンオオカミ頭骨をめぐって」(「山梨県立博物館研究紀要」第2集) 平成20年

植月学「王勢籠権現の狼信仰」(山梨県立博物館研究紀要第3集) 平成21年

高橋敏『幕末民衆の恐怖と妄想 駿河国大宮町のコレラ騒動』(「国立歴史民俗博物館研究報告」第108集) 平成15年

三木一彦「関東平野における三峰信仰の展開 武蔵国東部を中心に」(「文教大学教育学部紀要」39巻」) 平成17年

上尾市教育委員会『上尾の指定文化財』平成25年

上尾市教育委員会『上尾の民俗 I』(「上尾市文化財調査報告」第35集) 平成元年

上尾市教育委員会『上尾の民俗 II』(「上尾市文化財調査報告」第37集) 平成4年

下平武「「狼落とし」についての一考察 退治する心、信仰する心」(「長野県民俗の会会報」第42号) 令和2年

埼玉県編『新編埼玉県史 別編2 民俗2』埼玉県 昭和61年

菱川晶子『狼の民俗学 人獣交渉史の研究』東京大学出版会 平成21年

西村敏也『武州三峰山の歴史民俗学的研究』岩田書院 平成21年

渡良瀬遊水地アクリメーション振興財団「渡良瀬遊水地」https://watarase.or.jp/

藤岡町史編さん委員会編『藤岡町史 資料編 谷中村』藤岡町 平成13年

大護八郎『山の神の像と祭り』国書刊行会 昭和59年

ネリー・ナウマン(野村伸一・檜枝陽一郎訳)『山の神』言叢社 平成6年

町田宗鳳『山の霊力』講談社(講談社選書メチエ) 平成15年

青柳健二（あおやぎ・けんじ）

1958年、山形県河北町生まれ。メコン川流域の少数民族、棚田、犬像など、独自の視点で旅を続け、作品を発表し続ける「旅する写真家」。2006年、棚田学会賞受賞。
おもな著書に『メコン河』『メコンを流れる』（NTT出版）、『日本の棚田百選』（小学館）、『アジアの棚田 日本の棚田』（平凡社）、『棚田を歩けば』（福音館書店）、『全国の犬像をめぐる 全国の忠犬物語45話』『犬像をたずね歩く あんな犬、こんな犬32話』（青弓社）、『オオカミは大神』（天夢人）などがある。

カバー・本文DTP＝藤田晋也
カバーデザインフォーマット＝雉田哲馬
地図製作＝株式会社千秋社
編集＝藤田晋也、勝峰富雄（天夢人）

オオカミは大神 弐 狼像をめぐる旅

二〇二一年六月二二日 初版第一刷発行

著者 青柳健二
発行人 勝峰富雄
発行 株式会社天夢人
〒一〇一－〇〇五四
東京都千代田区神田錦町三丁目一番地
https://temjin-g.com/
発売 株式会社山と溪谷社
〒一〇一－〇〇五一
東京都千代田区神田神保町一丁目一〇五番地
印刷・製本 大日本印刷株式会社

◎内容に関するお問合せ先
天夢人 電話〇三－六四一三－八七五五
◎乱丁・落丁のお問合せ先
山と溪谷社自動応答サービス 電話〇三－六八三七－五〇一八
受付時間一〇時～一二時、一三時～一七時三〇分（土日・祝日を除く）
◎書店・取次様からのお問合せ先
山と溪谷社受注センター
電話〇三－六七四四－一九一九 FAX〇三－六七四四－一九二七

ISBN 978-4-635-82300-5